A MESSIEURS LES MEMBRES

DE LA

COMMISSION SÉNATORIALE

ÉTUDE

SUR LA

QUESTION ALGÉRIENNE

PAR

VICTORIANO PRAX

COLON-FORESTIER

BONE

IMPRIMERIE LÉON LAMPRONTI, RUE BUGEAUD

—

FÉVRIER 1892

A Messieurs les Membres

DE LA

COMMISSION SÉNATORIALE

ÉTUDE

SUR LA

QUESTION ALGÉRIENNE

PAR

VICTORIANO PRAX

COLON-FORESTIER

BONE

IMPRIMERIE LÉON LAMPRONTI, RUE BUGEAUD

—

FÉVRIER 1892

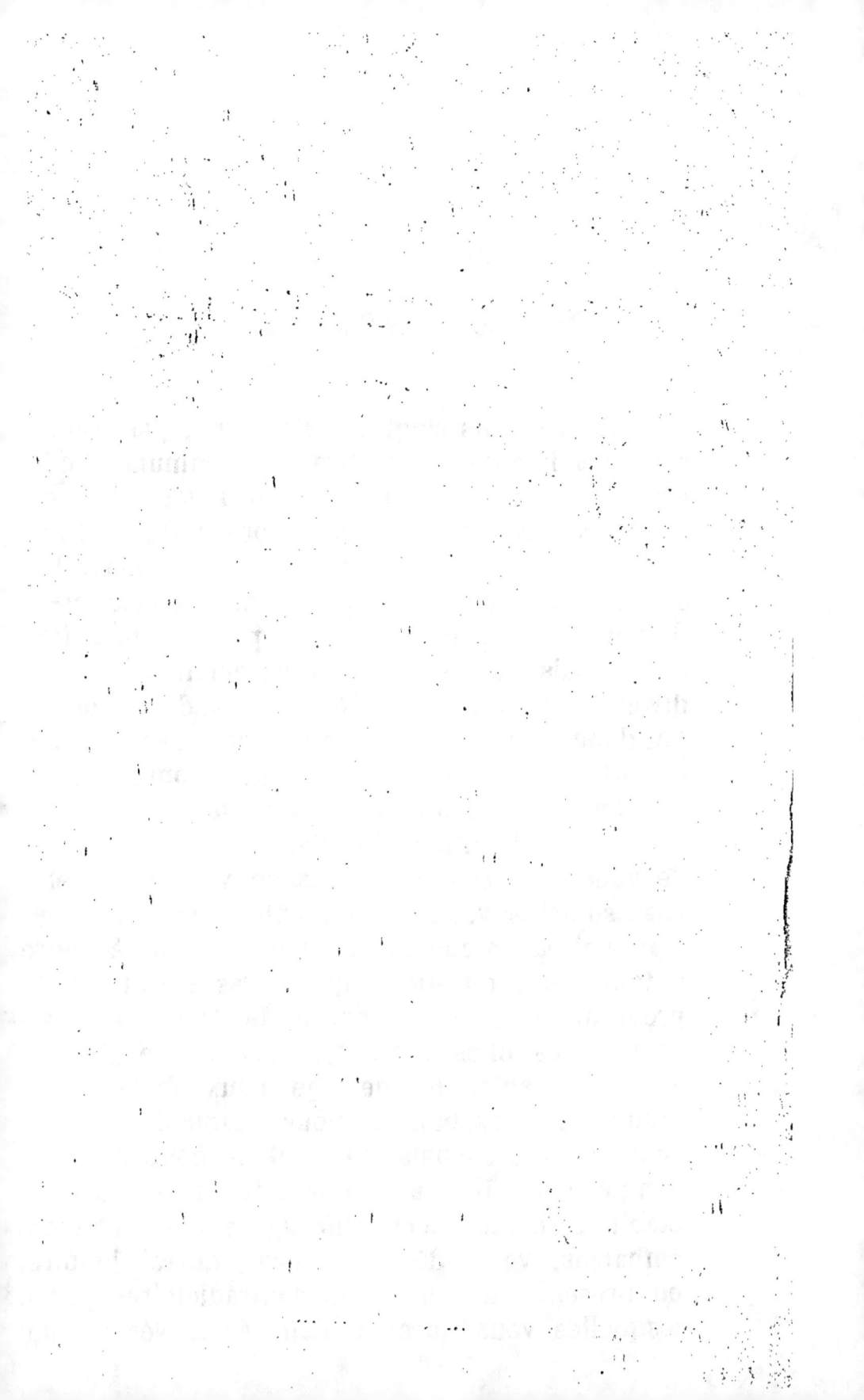

MONSIEUR LE PRÉSIDENT,

MESSIEURS LES SÉNATEURS,

J'habite depuis vingt ans l'Algérie ; j'ai résidé, avec ma famille, dans diverses communes indigènes et mixtes, en plein pays musulman, en forêt, entouré de nombreux douars que j'ai fait vivre de leur travail dans mes exploitations. J'ai successivement mis en valeur trois grandes forêts de chênes-liège, dont je n'étais pas le *concessionnaire*, mais l'acquéreur, co-propriétaire-gérant de diverses sociétés. J'ai créé trois grands vignobles. J'ai donc apporté et attiré, en Algérie, des capitaux importants et j'y ai vécu la vie des pionniers : vie de travail, de privations et de dangers.

A défaut de titres officiels, il m'a semblé utile de vous faire connaître ceux en vertu desquels, j'ose solliciter votre bienveillante attention.

Je n'ai pas la compétence voulue pour répondre à toutes les questions qu'embrasse votre vaste programme. Je me propose de traiter exclusivement les choses que j'ai vues, que j'ai vécues, au sujet desquels je peux fournir des preuves irrécusables et pour lesquelles, parmi ceux qui me connaissent, nul ne contestera ma compétence. Il me paraît nécessaire de bien établir ce point ; car je me figure aisément votre embarras, votre découragement, devrais-je dire, en présence des opinions contradictoires parmi lesquelles vous aurez à démêler la vérité, fatalement obscurcie, dans les âmes les mieux douées, par l'intérêt privé, par les questions de clocher, par la passion politique, parfois aussi par les préjugés de religion ou de race et plus souvent encore par un jugement trop superficiel et trop hâtif des hommes et des choses.

Le rapport du député M. Burdeau, à l'occasion du budget de l'Algérie, est si nourri, si lumineux, qu'il serait puéril et outrecuident de venir, après lui, refaire en détail l'étude de la question Algérienne. Mais, si parfait que soit relativement ce travail, j'aurai occasion d'y relever quelques erreurs graves, quelques contradictions flagrantes. L'éminent député pardonnera, à un vieux colon, cette audace de jeter une note discordante dans le concert de louanges qu'on lui a descernées, de mêler quelques modestes critiques aux fleurs qu'on lui a prodiguées, en Algérie surtout, avec un empressement plus généreux que réfléchi. M. Burdeau est assez riche pour payer ses dettes ; et son œuvre n'en restera pas moins le travail le plus sérieux, le plus honnête, qui ait été fait sur l'Algérie.

Avant d'entrer en matière laissez-moi, Messieurs les Sénateurs, vous dire qu'il serait utile que votre Commission se rendît compte de ce que j'ai fait pour les indigènes, pour la colonisation et pour les forêts, dans les nombreux douars au contact desquels j'ai vécu en exploitant les forêts de l'Ouider, du Zéramna et du Kef-Djemel situées dans les communes mixtes d'Aï-Mokra, de Collo et des Beni-Sahla. Il serait bon que vous sachiez que je ne suis pas un rêveur, ni un théoricien en chambre et encore moins un arabophobe, tant sans faut. Ce n'est pas pour une vaine satisfaction d'amour-propre que je désire. Messieurs les Sénateurs, éclairer votre religion sur ces points ; c'est afin de donner plus d'autorité à mes paroles, d'obtenir votre attention et votre sanction pour des idées neuves, pour des projets qui heurteront des opinions préconçues, ayant cours, quoique fausses ; c'est aussi afin de pouvoir vous dire plus librement ma pensée, sans simagrées philantropiques et humanitaires, cette monnaie de singe dont se paye trop facilement notre race latine qui, courant toujours après l'idéal, abandonne souvent la proie pour l'ombre.

COLONISATION

Je commencerai cette courte étude par le chapitre de la Colonisation, parce que c'est là, au fond, l'objectif, le but poursuivi ; parce que de cette question dérivent les autres.

Il faut que l'Algérie se peuple d'Européens. Tout le monde est d'accord là dessus ; mais il n'en est pas de même des voies et moyens à employer.

Il faut donner ou vendre des terres aux Européens : où sont ces terres ? Celles que le Sequestre, pour faits insurrectionnels, avait réunies au Domaine de l'Etat, sont sur le point d'être épuisées. On ne veut plus du Sequestre, il faudra donc recourir à l'expropriation pour cause d'utilité publique ; mais on n'en veut pas non plus. Reste une suprême ressource : celle des transactions volontaires ; mais pour celà il faut que la propriété individuelle soit constituée ; pour que ces terres entrent dans la circulation et puissent être acquises par des Européens, il faut que chaque indigène ait un titre régulier qui lui permette de disposer librement de son bien. Là dessus, nouvelles jérémiades : l'indigène, nous dit-on, imprévoyant, paresseux, vendra sa terre, en mangera le produit, et, en quelque temps, vous aurez constitué le prolétariat indigène que vous éviteriez, en conservant la communauté des biens à la collectivité.

Il faudrait pourtant s'entendre et savoir si nous voulons, oui ou non, coloniser. Si oui, il n'y a pas d'autre moyen honnête que d'acheter les terres à ceux qui les détiennent et qui voudront les vendre librement. Tous les philantropes qui nous indiqueront le mal, n'y pourront trouver un remède : car, il n'a pas de milieu ; ou il faut abandonner l'Algérie aux Indigènes, ou il faut que les Européens puissent s'y procurer les terrains nécessaires à leur installation. Pour que nous puissions introduire dans la colonie notre langue, nos mœurs, notre commerce, notre civilisation, il faut, avant tout, que nous y puissions vivre de notre travail, avec nos capitaux. Sans la constitution de la propriété individuelle, la terre, restant à l'état de main morte, la colonisation serait, *ipso facto*, non pas entravée, mais arrêtée net.

Il y a un moyen pour éviter que l'indigène ne tombe dans le prolétariat : c'est de l'amener à notre civilisation par le travail, thèse que j'aurai occasion de développer au chapitre de « l'Assimilation des Indigènes ». Oui, pour coloniser, il faut des terres et pour qu'elles puissent être acquises loyalement, honnêtement, il faut que l'Indigène en devienne possesseur et qu'il puisse les vendre. Il faut donc activer la mobilisation de la terre par la constitution de la propriété individuelle. Tout est là.

Ceci établi, quel est le meilleur mode de colonisation ?

L'honorable député, M. Burdeau, dans le chapitre de son rapport intitulé : « Service de la colonisation » s'élève énergiquement contre la remise gratuite de terres aux nouveaux colons et préconise, comme moyen exclusif, la vente de ces terres. Qu'il me permette de lui dire que cette théorie exclusive n'est applicable que dans le littoral et dans les régions déjà à peu près peuplés d'Européens. Lorsqu'il s'agira de centres nouveaux en plein pays musulman, qu'il faudra les peupler de hardis pionniers d'avant-garde, il a été et il sera toujours difficile d'y parvenir, *d'une façon satisfaisante*, même au moyen de la gratuité des lots. Cette nuance ne vous échappera sans doute pas. Elle est si sensible qu'elle me paraît devoir se passer de tout développement. M. Burdeau nous cite Bougie et Dellys (page 43), mais il se garde et pour cause, de nous citer des points situés dans l'intérieur ; évidemment ce n'est pas à Dellys et à Bougie que l'Etat doit coloniser.

Même dans le cas de non gratuité, le prix de vente serait, à mon avis, avantageusement remplacé par une rente modique et de longue durée, mais qui ne devrait être perçue qu'à partir de la sixième année, afin de laisser au colon le temps de s'acclimater, de mettre en valeur ses terres, de construire ; en un mot, de créer son outillage.

L'objectif de l'Etat n'est pas tant d'encaisser, plus ou moins promptement, quelques centaines de mille francs par la vente des terres, que de hâter le peuplement européen. Toutes facilités doivent donc être accordées au colon qui travaille, qui construit, qui réside surtout ; et M. Burdeau est ici dans le vrai, lorsqu'il va jusqu'à la restitution au colon résidant, des versements effectués par lui à mesure de la mise en valeur de son lot, ou à la suite de récoltes perdues par un aléa tel qu'une grande sécheresse ou tel que les sauterelles.

Dans son récent discours d'ouverture au Conseil supérieur, M. le Gouverneur général semble donner la note vraie en souhaitant que, désormais, la vente des terres soit la règle, mais en repoussant toute théorie absolue qui tendrait à en faire une règle exclusive.

En résumé, prompte constitution de la propriété indigène pour que la terre puisse être mise en circulation ; colonisation par l'initiative privée et par la vente des terres, sur le littoral et partout où l'élément européen a une certaine densité ; colonisation officielle et concession gratuite dans les postes d'avant-garde et dans les contrées isolées ou éloignées du peuplement européen.

Dans les cas de concession gratuite, ne l'accorder qu'à de véritables cultivateurs : on a trop souvent mis une concession entre les mains d'un musicien ou d'un cordonnier râté ou de toute autre personne n'ayant jamais vu travailler la terre. De pareils colons ne peuvent pas s'improviser agriculteurs et sont fatalement condamnés à une déception et à la misère; il faut absolument éviter cet écueil.

Dans un chapitre spécial, j'exposerai tout un projet destiné à augmenter rapidement le peuplement de l'Algérie par l'élément européen, surtout français, avec peu de frais et avec grand avantage pour la colonie et pour l'Etat. Mais avant de clore ce chapitre, permettez-moi, Messieurs les Sénateurs, de regretter avec M. Charles Benoist dans son volume « Enquête Algérienne » qu'en fait de travaux publics on fasse si grand, si beau et si bien ; nous préférerions, les déshérités du moins, avoir le double de kilomètres de routes carrossables, fussent-elles moins larges et moins belles. La colonie aurait tout avantage à être desservie par une longueur de chemins de fer double, fussent-ils à voie étroite ; on fait trop somptueusement toutes choses ; on ne s'inspire pas assez des avantages qui résulteraient de la rapidité d'exécution, non plus que de la nécessité de ménager les fonds, puisque les crédits sont trop limités, en faisant moins beau peut-être, mais en faisant davantage et plus vite.

LES INDIGÈNES

LEUR ASSIMILATION

CONSTITUTION DE LA PROPRIÉTÉ FAMILIALE

Il n'y a pas longtemps encore, on semblait ignorer en France qu'il y a en Algérie, deux races indigènes, non seulement en tous points dissemblables, mais encore ennemies et qui n'ont entre elles d'autre point de contact que la religion, dont le fanatisme est toujours mitigé chez les Kabyles, tandis qu'il conserve chez les Arabes toute sa rigidité. C'est parce qu'on ne sut pas, ou qu'on ne voulut pas exploiter habilement l'inimitié des deux races, que la conquête de l'Algérie a été longue et coûteuse.

Il est nécessaire de bien signaler la ligne de démarcation qui sépare le Kabyle de l'Arabe.

Le Kabyle est l'autochtone conquis, relégué dans les montagnes, où le refoula jadis l'Arabe conquérant. Le Kabyle s'attache au sol, dont il tire tout le parti possible à force de travail et d'énergie et comme conséquence, il construit des gourbis à poste fixe.

L'Arabe est nomade et pasteur et, malgré les grands espaces dont il dispose, il ne défriche jamais le sol. Comme conséquence, il ne batit jamais et s'abrite sous la tente mobile.

Le Kabyle est économe, travailleur ; il immigre volontiers à de grandes distances pour trouver du travail ; il exerce quelques industries rudimentaires ; il fait, au besoin, du commerce.

L'Arabe est prodigue, fastueux, paresseux surtout. Il ne recherche jamais le travail ; il ne l'accepte même pas comme une nécessité ; il n'exerce aucune industrie et ne fait aucun commerce.

Le Kabyle est très bon marcheur et fait un excellent fantassin ; l'Arabe abhorre la marche, il naît cavalier.

Le premier est monogame et l'autre polygame.

Arrêtons là ce parrallèle ; ce qui précède suffit à établir qu'on ne peut pas appliquer à ces deux races les mêmes procédés pour les amener à la civilisation ou à l'assimilation.

Je crois fermement qu'en prenant le bon chemin, on parviendra à assimiler le Kabyle ; je ne pense pas, quoiqu'on fasse, que l'on opère ce miracle sur l'Arabe, à moins qu'on ne lui inspire progressivement, doucement, si l'on veut, mais énergiquement, l'obligation ou la nécessité du travail.

C'est en vain qu'on cherche dans l'instruction, dans notre contact et notre exemple, dans la naturalisation, dans l'application de nos lois, des moyens d'assimilation ; il n'en existe qu'un seul, c'est le travail et à celui-là, nul ne songe ; et cependant, lui seul peut établir la solidarité nécessaire entre Arabes et Européens ; lui seul pourra permettre à l'Arabe de vivre largement avec des parcours restreints, avec des propriétés moins vastes ; lui seul nous délivrera du prolétariat indigène qui nous menace ; lui seul évitera le banditisme qui, si on n'y met un prompt remède , nous chassera plus sûrement de l'Algérie que les insurrections. C'est sur ce point, Messieurs les Sénateurs, que je crois devoir appeler toute votre attention.

Pour tout être, la première nécessité est celle de subsister, de vivre. Or, on ne peut subsister que de trois façons: par des revenus, par le travail ou par la rapine.

Avant notre conquête, les Arabes vivaient, on peut dire, de leurs revenus ; ils possédaient d'immenses espaces, de gras pâturages pour leurs troupeaux, des champs nombreux et fertiles pour leur charrue ; quand un champ était épuisé, ils en semaient un autre. Et puis ils n'avaient pas de besoins. Le plus pauvre (le khamès) vivait grassement du cinquième qui lui revenait sur d'importantes récoltes. S'il lui manquait du lait, une vache coutait 20 francs, une chèvre 3 francs, une charge de blé coutait 6 francs ; malgré son imprévoyance caractéristique, chaque famille avait ses silos de réserve. Le travail n'était donc pas une nécessité ; mais, depuis la conquête, la situation de l'Arabe a bien changé : nous avons pris les forêts ; le sequestre, l'expropriation pour cause d'utilité publique, les échanges de gré à gré, les nécessités de la colonisation, en un mot, lui ont enlevé ses meilleures terres ; à notre contact ses besoins se sont accrus, la part du khamès devient infime et, s'il a besoin d'une vache, elle lui coûte 120 francs, une chèvre 15 francs, une charge de blé, 30 francs; les silos de réserve n'existent plus : il ne peut plus suffire à ses besoins.

Je m'arrête pour aller au-devant d'une objection : Mais, me dira-t-on, puisque la valeur du bétail et des denrées a quintuplé, le producteur bénéficie de cette augmentation ; or, le producteur, c'est l'Arabe.

C'est là qu'est l'erreur, Messieurs les Sénateurs, la production de l'Arabe, au point de vue de la vente, de l'exportation, est infime, eu égard au nombre. Il ne produit, généralement, que pour sa consommation. Dès qu'il croit ses besoins assurés, il arrête son travail; il n'a jamais de réserve ; et, s'il a défriché un peu plus depuis quelques années, ce n'est pas comme le dit M. Burdeau, la paix que nous lui avons imposée qui en est cause, c'est la nécessité de vivre ; les Arabes aisés n'ont rien défriché du tout. Si les délits et les crimes des indigènes envers les Européens ont doublé comme le constate encore M. Burdeau (1) c'est toujours la nécessité de vivre qui en est cause ; car c'est ici le cas de dire que la paresse est la mère de tous les vices, et le travail le père de toutes les vertus.

Je n'aime pas à jongler avec des chiffres de statistique ; mais en étudiant à fond ceux que me fournit le rapport de l'honorable député, je constate (2) qu'il est cultivé actuellement en Algérie, en céréales 2,800,000 hectares sur lesquelles les Européens en cultivent 1,355,000. Il ne reste donc que 1,445,000 hectares, c'est-a-dire un peu plus de la moitié, cultivés par les indigènes, dont la population est actuellement de 3,300,000 habitants ; la moyenne n'arrive donc pas à un

(1) 2e tableau, page 85, du rapport de M. Burdeau.
(2) Voir page 7 et suivantes du même rapport.

demi hectare par habitant indigène, Or, comme d'après la même statistique, la moyenne de production pour l'indigène n'arrive pas à 5 quintaux par hectare, il en résulte une production d'environ 2 quintaux pour chaque indigène, quantité insuffisante pour le nourrir, si le beurre, le lait, l'huile, ne lui apportaient l'appoint complémentaire ; d'où l'on pourrait conclure que l'exportation est due à l'excédent de la production européenne sur sa consommation.

Je n'entends pas dire par là que l'arabe ne vende pas ses récoltes ; il les vend, au contraire, même lorsqu'elles sont insuffisantes à ses besoins. Quand l'argent lui manque pour acheter des bœufs de labour, vite il porte au marché ses céréales qu'il vend, quelqu'en soit le cours, sauf à les racheter plus tard, après les semailles, avec le produit des bœufs qu'il vendra aussi, quel qu'en soit le cours. De là, une double fausse opération et une double perte qui, soit dit en passant, le ruine plus lentement, mais aussi sûrement, que l'usure dont nous parlerons plus tard.

L'Arabe, avec son imprévoyance et son fatalisme habituel, se dit que demain Dieu pourvoira, et le demain arrivé et comme on ne veut pas travailler et qu'il faut vivre, ce n'est pas Dieu qui pourvoie, ce sont les propriétés du *Roumi* qu'on dévaste, ce sont ses écuries qu'on vide, c'est sa bourse qu'on prend avec sa vie.

Toute la question algérienne est là ; et tant qu'on n'aura pas trouvé le moyen de faire vivre une population de 3,300,000 âmes sans travailler, il faudra de toute nécessité, qu'elle vive aux dépens des 500,000 Européens qui travaillent.

Cette question du travail de l'indigène (j'entends de l'Arabe) embrasse tout le problème de la colonisation dans son ensemble : la sécurité pour les biens et les personnes des Européens ; la conservation et la préservation des forêts ; le respect de la propriété; la main-d'œuvre abondante et économique ; la mise en valeur d'immenses espaces improductifs ; l'abolition de l'usure ; la diminution du fanatisme, du fatalisme surtout ; l'accroissement des revenus domaniaux ; c'est par le travail, en un mot, que nous enchaînerions l'indigène sans résistance et sans difficulté à nos mœurs et à notre civilisation. Et on aura beau chercher, le problème de l'assimilation n'a pas d'autre solution.

C'est donc vers ce but que doivent tendre tous nos efforts et je prétends être prophète en annonçant que si nous ne l'atteignons pas, avant vingt ans la colonie sera inhabitable pour nous en dehors des villes du littoral. Le banditisme paralysera la colonisation bien plus que l'insurrection, les fièvres et l'incendie et tous les tribunaux et tous les gendarmes n'y changeront rien.

Vous comprendrez, Messieurs les Sénateurs, qu'il m'est plus facile de vous indiquer le but que les moyens de l'atteindre ; car je sais bien que je heurterais nos idées sur la liberté individuelle, si je proposais d'imposer le travail aux indigènes. Je ne vois même pas trop par quel moyen pratique on y parviendrait directement ; mais il m'est permis d'espérer qu'on y parviendra assez rapidement d'une façon indirecte pour les jeunes gens, au moins. Quant aux hommes mûrs, il n'y faut pas songer ; ils mourront comme ils ont vécu,

dans la comtenplation de l'espace et de l'infini ;
en subsistant de leur bien, s'ils le gardent, ou du
produit de son aliénation.

Les prisons d'Algérie regorgent d'indigènes bien
entretenus aux frais des contribuables, leurs
victimes. De sorte que le colon volé peine au
soleil et à la pluie, souvent grelottant la fièvre,
pour nourrir son voleur qui, à l'abri des intem-
péries, fume sa cigarette dans le doux *far niente*
cher à son cœur. J'ai toujours été frappé d'un fait :
c'est que tous les Arabes qui, dans les douars,
parlent français, et ils sont assez nombreux, tous
l'ont appris en prison. N'y pourraient-ils pas
apprendre aussi le travail manuel ? Surtout y
contracter le goût et l'habitude de ce travail ? Ce
serait justice et d'une utilité indiscutable.

Je ne conteste pas un seul instant les bienfaits
de l'instruction ; c'est aussi par elle que nous
pourrons, peut-être, nous emparer peu à peu de
l'enfance et l'acheminer, quoique bien lentement,
vers la civilisation ; mais je prétends et j'affirme,
que l'indigène, si rebelle qu'il soit au travail, l'est
encore davantage à l'instruction. La nécessité qui
l'oblige à l'un ne lui impose pas l'autre ; il touche
chaque jour les bienfaits du premier, se traduisant
pour lui en monnaie sonnante, tandis qu'il ne
distingue pas bien les avantages qu'il retirera de
l'instruction, dans un avenir toujours trop éloigné
pour son fatalisme et son imprévoyance.

Dans les villes, on obtiendra facilement la
fréquentation des écoles, à une condition toutefois:
c'est que les parents soient bien convaincus que
l'instruction française assure à leurs enfants un
poste, une fonction quelconque: garde-champêtre,

chaouch, secrétaire de commune mixte, concierge d'une administration, interprète, n'importe quoi, qui leur donne un peu d'autorité de prestige ou d'aisance ; mais dans les campagnes, et c'est là surtout qu'il faudrait assimiler, les enfants sont tous bergers de très bonne heure et on n'obtiendra pas, sans une pression qui serait plus inique que l'imposition du travail, que les parents se privent de leurs services et de leur aide. Là encore, c'est dans la paresse qu'est le danger, parce que, si dans la famille chacun travaillait, si peu que ce fût, les troupeaux seraient mieux gardés et les enfants libres d'aller à l'école ; mais le frère aîné, sitôt qu'il a quatorze ans, songe à se marier et ne veut plus s'avilir par le travail ; il se fait remplacer par ses jeunes frères ; de là, impossibilité de fréquenter l'école.

Le seul système qui pourrait donner quelques résultats dans les campagnes serait, non pas l'instruction primaire, mais l'instruction enfantine, parce que, beaucoup de ces enfants qui auraient mordu à notre langue, nous reviendraient plus tard par le travail. Nous les aurions pour ainsi dire, apprivoisés de bonne heure, ils ne craindraient plus autant de communiquer avec nous.

Je ne fais qu'effleurer cette idée en passant, sans y insister, parce qu'elle n'est pas de ma compétence ; mais revenons aux moyens d'amener l'arabe au travail.

Nous avons déjà dit qu'il ne pouvait plus vivre de son revenu, de sa terre cultivée, qu'il ne voulait pas vivre de son travail. Il ne lui resterait donc qu'une ressource pour combler son déficit, c'est la rapine, dont nous serions les victimes.

Nous avons dit aussi qu'il ne défrichait un nouveau terrain, ou n'exerçait un travail manuel que contraint par la nécessité. Eh bien, le seul espoir de salut qui. nous reste, c'est que, par la constitution de la propriété individuelle, tous les jeunes se verront, peu à peu, dans l'obligation de recourir au travail et de défricher les terres incultes de leur domaine pour en augmenter la surface cultivable ; car ce serait une erreur de croire que la terre manque aux indigènes ; ce qui leur manque, en réalité, c'est la terre cultivée parce qu'ils ne veulent prendre aucune peine pour vivifier le sol inculte.

Au point de vue de la sécurité, la constitution de la propriété individuelle, rompra aussi la solidarité du douar et de la tribu et, partant, le cercle impénétrable dans lequel la collectivité s'enferme.

Oui, Messieurs les Sénateurs, le premier droit que vous devez donner à l'indigène, c'est le droit au travail ; c'est aussi le premier devoir que vous devez lui imposer, car c'est celui de tout homme à l'état civilisé ; le premier degré de son émancipation doit être l'indépendance et le bien-être, fruits de ce travail qui changera un paria en un homme utile, un futur bandit, en honnête ouvrier. Par le travail il apprendra notre langue et nos mœurs ; il comprendra l'économie ; il saura que le travail des autres est sacré ; il échappera par lui à la vermine, à la misère, à l'usure qui le rongent ; il deviendra enfin policé et digne de cette France qui en aura fait, malgré lui, un citoyen libre dans la bonne et saine acception du mot.

Je me résume : le besoin de terres pour la

colonisation nous impose la nécessité d'abolir la main-morte des biens et de les faire entrer dans la circulation par des transactions volontaires. Aucun raisonnement humanitaire ne prévaudra contre cette nécessité ; mais, quand même il n'en serait pas ainsi, la mission que nous nous sommes imposée en Afrique, nous ferait un devoir d'introduire chez l'indigène, par tous les moyens possibles, l'habitude et le respect du travail ; étant donné qu'il ne prendra cette habitude que contraint et forcé, je vous demande, Messieurs les Sénateurs, d'étudier les meilleurs moyens de l'y contraindre ; et, en attendant, d'activer la constitution de la propriété, pour obliger l'Arabe à cultiver ses biens encore incultes ou à les vendre à ceux qui voudront les mettre en valeur.

La conséquence immédiate de cette mesure sera la nécessité, pour les imprévoyants, pour les prodigues, pour les deshérités, de s'adonner au travail ; et je ne dis pas : ou au « banditisme » parce que je l'ai déjà dit une fois, je ne compte que sur les enfants, sur les jeunes, pour créer ma nouvelle église. Les vieux auront toujours assez pour finir leurs jours ; or, les enfants et les jeunes ne s'improvisent pas bandits si, d'une main ferme, on les maintient dans le bon sentier.

Certains cantons de la Kabylie sont plus peuplés que nos départements de France et, malgré la densité du peuplement et l'insuffisance des terres cultivables, le Kabyle y vit à l'aise par son travail et son industrie. Que l'Arabe imite cet exemple et tout le problème algérien sera à moitié résolu, car ce n'est pas la terre qui manque, ce sont des bras pour la cultiver ; ce n'est pas non plus le travail qui manque, c'est la main-d'œuvre locale, c'est-à-dire économique et assurée.

Je ne répéterai pas tout ce qui a été si bien dit par M. Bordeau sur la danse des millions qu'a provoquée la constitution de la propriété indigène. Je ne puis résister toutefois au désir d'ajouter un trait au tableau saisissant qu'il en a fait, parce que je n'ai vu le fait consigné nulle part et qu'il m'a été affirmé par les agents du service des *Levés généraux :* toutes les forêts des particuliers et quelques-unes domaniales, avec les enclaves indigènes qu'elles renferment, ont été levées de nouveau et par conséquent payées, alors qu'elles avaient déjà été levées par le service topographique, lors de la délivrance des titres de propriétés, avec plans à l'appui.

Puisque j'ai démontré la nécessité de constituer d'urgence la propriété individuelle, permettez-moi de vous soumettre une idée qui me parait destinée à donner ce résultat de la façon la plus logique, la plus économique et surtout la plus rapide.

Tout d'abord, il me parait possible de faire procéder en même temps et par les mêmes agents, à l'application du sénatus-consulte, c'est-à-dire *à la constatation* de la propriété indigène et à *sa constitution.* Ce serait une grande économie de temps et d'argent. Ensuite je ne vois pas la nécessité de dire à chaque individu la part, souvent infime qui lui revient sur le bien familial, chose qu'il sait ou qu'il peut savoir beaucoup mieux que les agents qui le lui annoncent. Il me semble qu'il serait bien plus simple de borner la mission de ces agents, à constater et à constituer la propriété familiale, laissant à la famille le soin de la partager entre chaque individu, ce qu'elle ferait en peu de jours et sans frais, bien plus exactement que nous ne le faisons avec un long délai et avec une grande dépense. L'Administrateur, faisant fonctions de Commissaire-enquêteur, pourrait constater, inscrire le partage et entendre les réclamations, après convocation régulière des intéressés, en présence de la Djemaâ et des vieux habitants du douar, pouvant éclairer sa religion sur les faits allégués ou discutés. Il serait fait droit, sur l'heure, aux réclamations reconnues justes, et les autres seraient écartées ; les opérations seraient vite terminées et, sur le rapport de l'administrateur, les titres de propriété pourraient être délivrés à très bref délai.

Il est à noter que les discussions et les réclamations, ne se produisent que lors de la constation et de la constitution de la propriété familiale ; celle-ci constituée, le partage individuel fait par la famille elle-même, n'offrirait aucune sérieuse difficulté ; quant aux parts infiniment petites, revenant à quelques individus, la famille prendrait des arrangements, afin d'éviter des complications lors de l'exploitation, lors du partage réel ou lors de la vente. Nous n'aurions à intervenir que pour enregistrer tous ces arrangements, ces transactions volontaires et pour empêcher des abus ou des injustices.

A force de vouloir trop bien faire, nous faisons mal, ou nous ne faisons rien ; nous voudrions atteindre la perfection, sans songer que le mieux est l'ennemi du bien et, sous prétexte d'exactitude mathématique, nous gaspillons misérablement notre temps et notre argent ; deux capitaux qui

ne signifient pas grand chose aux yeux du fonctionnaire, mais qui ont une valeur inestimable pour le
colon et pour la colonie, qui étouffe et se meurt,
sous le poids de la centralisation et du contrôle.
En supprimant beaucoup de contrôles inutiles, en
accordant plus d'autonomie aux départements
algériens, plus de facultés aux préfets et l'indépendance absolue, avec la responsabilité qui en
résulte, au Gouverneur général, les législateurs
feraient faire un grand pas à la colonisation.

Si le temps est de l'argent partout, il est de l'or
dans notre colonie ; il ne faut pas que, pour la solution des questions les plus simples, il soit nécessaire de mettre en mouvement tous les rouages
gouvernementaux, depuis l'Administrateur jusqu'au Ministre, ce qui éternise ces solutions.

LES FORÊTS

Tout le monde est d'accord sur un point : le climat, le régime des eaux, l'avenir de la colonie sont intimement liés à la conservation et à la reconstitution des forêts algériennes ; à leur conservation surtout, car, étant données les mœurs des indigènes, leur reconstitution ne nous apparaît que comme un beau rêve irréalisable. Le reboisement, même partiel, exige d'énormes capitaux et absorbe la vie de plusieurs générations, lorsqu'aucune cause extérieure ne vient entraver leur marche normale ; mais, comment reboiser lorsque nous ne pouvons pas conserver ce qui nous reste de forêts ! Tout le monde est aussi d'accord sur ce second point : que les forêts de l'Algérie sont menacées d'une entière destruction ; et j'ajoute que ce fait se produira dans un délai beaucoup plus bref que l'on ne pense.

M. Burdeau constate que ces forêts étaient florissantes à l'époque carthaginoise et même après l'invasion des Arabes ; il n'est pas besoin de remonter si loin ; en ce qui concerne les forêts de chênes-liège qui couvraient tout le littoral, elles étaient aussi belles que possible il y moins de cinquante ans, après la conquête ; mais en continuant les mêmes errements pendant cinquante ans encore, il n'en restera plus trace ; les forêts auront vécu pour faire place à la broussaille et le « désert envahissant le Tell s'avancera vers la mer ».

Sans arbres, pas d'eau ; sans eau pas de culture, pas de colonisation. Je vais, Messieurs les Sénateurs, vous dire pourquoi il n'y aura plus d'arbres avant cinquante ans ; c'est qu'avant cette époque toutes les forêts auront été mises en valeur, et, pour que vous ne supposiez pas que j'énonce un paradoxe, je me hâte d'ajouter que la mise en valeur d'un arbre ou d'une forêt, telle qu'elle se pratique, n'est pas sa mise en valeur, c'est sa mise en péril, sa mise en ruine. Et je le prouve :

La chêne-liège, avant sa mise en exploitation, est recouvert d'une écorce sans valeur, dite liège mâle et dont il faut le dépouiller pour obtenir, après une période de dix ans, une première récolte de liège marchand. L'épaisseur du liège mâle varie dans les arbres moyens, entre quatre et huit centimètres ; ce liège étant un très mauvais conducteur du calorique, les arbres ainsi cuirassés ont pu subir, pendant des siècles, des incendies périodiques sans trop en souffrir, sans jamais en mourir. Voilà pourquoi ces forêts étaient admirables lors de la conquête ; elles étaient vierges de toute exploitation et la nature y faisait son œuvre de création et de résistance.

Si les chênes-liège, à l'état improductif, avaient dû périr par l'incendie, nous n'aurions pas trouvé un seul de ces arbres en Algérie ; car personne n'ignore que les forêts ont été de tout temps périodiquement brûlées par les indigènes, afin d'éloigner les fauves de leurs douars, et aussi pour ouvrir un passage à leurs troupeaux et leur procurer d'abondants pâturages résultant de l'incinération.

Par la mise en valeur des arbres, nous les avons

dépouillés de leur cuirasse préservatrice et les avons livrés nus, sans défense, non seulement aux intempéries, ce qui est déjà quelque chose, mais aussi aux atteintes de l'incendie. Or, une cruelle et ruineuse expérience a prouvé qu'il ne survit pas un seul arbre de ceux qu'a touchés l'incendie, dans les six années qui suivent leur mise en valeur. La mince couche de liège marchand qui recouvre l'arbre, est impuissante à le préserver. A mesure que cette couche s'appaissit, l'arbre résiste davantage. Toutefois, même à dix ans, c'est-à-dire au moment de la première récolte, un incendie en emporte encore plus de 50 0|0, laissant ceux qui restent, profondément atteints et dépérissants. Quant à la récolte attendue pendant dix ans, elle est complètement perdue.

Ainsi, dans la meilleure des hypothèses, c'est-à-dire lorsqu'une forêt n'est brulée que dix ans après sa mise en valeur, voici son bilan : la récolte de dix ans perdue, plus de 50 0|0 d'arbres morts et le restant tellement atteints, que fort peu arriveront à donner une récolte après une nouvelle période de dix ans si, toutefois, pendant cette nouvelle période, la forêt n'est pas de nouveau brulée.

Si l'incendie survient avant les dix ans, nous avons déjà vu que la mortalité est beaucoup plus grande ; et s'il survient à onze ans, c'est-à-dire après la première récolte, la mortalité est générale, tout comme après la mise en valeur. Et le danger se renouvelle et se perpétue ainsi à chaque nouvelle récolte.

De cet exposé, il résulte qu'à chaque incendie, la plus grande partie des arbres mis en valeur disparaît et qu'à mesure que l'exploitation avance, la ruine augmente tandis que la grosseur des arbres diminue ; le propriétaire, après avoir perdu les beaux arbres primitivement mis en valeur, se trouve réduit à exploiter les tout jeunes sujets qui lui restent encore, mais que le prochain incendie lui enlèvera infaillib'ement.

C'est ainsi que de période en période et d'incendie en incendie, les belles forêts que nous avons vues, nous mêmes, bien peuplées de beaux arbres, ne sont plus que des terrains de parcours, peuplés, par endroits, de très jeunes sujets qui ne valent guère mieux que la brousaille, car ils ont très peu de chance de donner des revenus pour peu que l'on continue à les mettre en valeur.

C'est ainsi encore, que la moyenne du peuplement actuel, *dans les forêts primitivement exploitées*, n'est pas de plus de cinquante arbres, jeunes pour la plupart, à l'hectare, alors que cette moyenne était de trois cents gros arbres, au moment de leur mise en valeur.

C'est ainsi, enfin, que les arbres récoltés aujourd'hui, ne fournissent pas une moyenne de 4 kilos de liège, au lieu de 15 kilos que devaient donner les arbres primitivement exploités et que les incendies ont consumé.

Il ne s'agit, je le rappelle, que des forêts exploitées et dont j'ai dit, en commençant, que leur mise en valeur était leur mise en ruine. Quant à celles de l'Etat qui ne sont pas encore exploitées, elles sont à peu près les seules belles forêts qui restent à l'Algérie : mais, puisqu'on va les mettre en rapport rapidement, à ce qu'on dit, je me hâte de prédire qu'elles disparaîtront toutes avant 50 ans. Celles que l'Etat a commencé d'exploiter ont déjà été gravement éprouvées, le service forestier le sait bien ; encore quelques démasclages, et les prochains incendies en auront irrémédiablement raison.

La plupart des forêts des particuliers, si belles autrefois, ne sont que de vastes solitudes abandonnées ou à peu près ; trois ou quatre exploitations seules propèrent ; trois ou quatre autres végètent ; toutes les autres sont ruinées, et quelques unes à tout jamais ; car leur reconstitution est impossible, même en supposant aux propriétaires trois choses qui leur font défaut : le courage, le temps et les capitaux. Je m'explique :

Dans les forêts peuplées de gros arbres, pouvant donner chacun, au bout de dix ans, une moyenne de 15 kilos de liège, on peut exposer des capitaux et courir le risque de les perdre, avec l'espoir qu'on ne sera pas brûlé ou que ce qui échappera au désastre, indemnisera encore largement des risques courus. C'est une loterie : il y a un très gros lot et un lot moindre, encore important. Mais lorsqu'on se trouve en présence de jeunes sujets, ne pouvant donner que 2 ou 3 kilos de liège, au bout de dix ans, quantité qui ne couvre pas les dépenses et qu'il faut attendre encore une période de dix ans pour obtenir 4 à 5 kilos, produit suffisant, mais non rémunérateur ; et puis encore une troisième période pour atteindre le gros lot entrevu, je dis qu'il ne se trouvera personne assez fou, pour courir un tel risque, car il n'y a pas d'exemple qu'un canton forestier ait vu passer une période de trente ans, sans être dévasté par l'incendie.

Voilà la vérité, Messieurs les Sénateurs, la triste vérité, dite par un homme du métier qui n'est pas un *concessionnaire de l'État* et qui est un de ceux que le feu n'a pas trop maltraité, grâce à des travaux de défense et à des précautions coûteuses, qui, après avoir absorbé un grand capital, absorbent tout son revenu : entre la ruine causée par les incendies et la ruine causée par la dépense qu'entraîne la préservation, la différence n'est pas bien grande pour le propriétaire qui, après vingt ans de sacrifices, de privations, et de périls, n'a guère d'autre jouissance que la satisfaction d'avoir apporté sa pierre à l'édifice de la fortune publique.

Il est nécessaire de dire que la dépense serait infiniment moindre et que la situation serait bonne, en somme, si je n'avais à me préserver que des incendies allumés dans mes forêts ; malheureusement j'ai à surveiller et à craindre les incendies venant du dehors : des forêts de l'État où la vengeance les allume (je m'expliquerai là-dessus) ; des communaux où, quoiqu'on fasse, ils s'allumeront périodiquement (je dirai aussi pourquoi) ; et des forêts des particuliers, où, des propriétaires déjà ruinés, ne peuvent ou ne veulent recommencer les dépenses nécessaires à une exploitation rationnelle, mais trop coûteuse. Trop coûteuse, oui, lorsqu'elle se pratique isolément, mais qui serait très supportable, si elle devenait obligatoire pour tout le monde.

Nous tournons évidemment dans un cercle vicieux : ce *tout le monde*, l'État en première ligne, refuse de s'imposer les sacrifices nécessaires pour atteindre les produits rémunérateurs, qui ne seront jamais atteints avec des dépenses insuffisantes. C'est le cas de dire, avec M. Burdeau, que la façon la plus infaillible de gaspiller l'argent en agriculture, et plus encore en sylviculture, c'est d'en dépenser trop peu. Je ne crois pas que le service des forêts se fasse la moindre illusion là-dessus et qu'il admette sérieusement, que quelques maisons forestières et quelques nouveaux gardes, lui puissent donner la moindre sécurité, pas plus que quelques tranchées périmétriques, si une équipe d'ouvriers (j'allais dire de pompiers) convenablement organisée, ne se trouve pas là, pour combattre, pour arrêter le feu.

Tout ce que l'on fera sera du gaspillage, si on n'adopte pas un ensemble de mesures, pouvant amener un résultat pratique et sérieux. Dans le cours de cette étude, j'aurai occasion d'indiquer sommairement ces mesures.

Je ne suivrai pas M. Burdeau dans la recherche des origines de la situation actuelle, ni dans les appréciations que cette recherche lui suggère. A quoi bon des polémiques rétrospectives ? Je tiens cependant à constater quelques points importants.

En affirmant que les primitifs concessionnaires des forêts les avaient acquises à un prix dérisoire et avaient fait une excellente affaire, M. Burdeau, avec l'autorité qui s'attache à sa parole, propage une erreur qu'il est de mon devoir de dissiper.

Dans une opération à si long terme, si aléatoire, surtout si inconnue alors, le prix du terrain était le terme le moins important du problème. Il ne faut pas juger l'opération avec les connaissances et la sécurité acquises aujourd'hui ; il faut tenir compte de la valeur de ces terrains à la date où commença l'opération, et non pas de la valeur qu'ils ont pu acquérir quarante ans après. Il faut tenir compte de l'insalubrité, des périls ; plusieurs directeurs et agents sont morts à la tâche, les uns de maladie, d'autres assassinés. A cette époque-là, le taux normal de l'argent était de 12 % pour les meilleurs placements ; la main-d'œuvre était rare, inhabile et chère. L'incompétence des ouvriers et des agents d'exécution était absolue ; il fallait ouvrir des voies de communication, des chemins d'accès, élever des constructions et des installations coûteuses, à cause du prix de revient des matériaux importés de France et transportés à dos de mulet. Il faut savoir aussi que les produits n'avaient pas la même valeur qu'aujourd'hui.

Si M. Burdeau voulait tenir compte de tous les éléments d'appréciation qui précèdent, il y trouverait l'explication des désastres, qui ont été le résultat de ces grandes concessions, aussi contraires aux intérêts de la colonisation, que ruineuses pour les concessionnaires.

M. Burdeau me fournit lui-même un argument qui me permettra de le battre avec ses propre armes, en démontrant, par ses propres chiffres, l'inanité de tous les calculs qu'il produit, concernant les revenus des forêts.

A la page 80 de son rapport, M. Burdeau nous dit qu'on peut prendre pour base des revenus futurs des forêts de lièges domaniales, ce qu'ont donné en liège brut exporté les 170,000 hectares concédés à des particuliers. Et il nous en donne le tableau suivant :

En 1868. . . 1.471.000 fr.	}	
En 1877. . . 4.310.000	} 10.979.000 francs.	
En 1887. . . 5.198.000	}	

J'accepte les chiffres de l'honorable rapporteur et, pour prouver ma sincérité, j'ajoute que je les crois de beaucoup inférieurs aux chiffres rééls ; mais, il convient de les expliquer : la première récolte obtenue en 1868 provenait des démasclages, ou mise en valeur, opérés en 1856 (12 ans auparavant); c'est donc pour un laps de temps de 31 ans (1856 — 1887) que nous avons 10,979,000 francs de produit soit 354,833 francs par an, pour 170,000 hectares ; soit encore 2 fr. 08 par hectare et par an. J'ajoute pour mémoire, qu'après la récolte de 1887, il faudra attendre 10 ans pour que cette même récolte se reproduise et qu'il y aura par conséquent des risques à courir et des frais à supporter pendant encore 10 ans.

Comme on le voit, nous sommes loin des 40 francs par hectare et par an, dont il est question dans le rapport d'après le calcul fait par la Commission spéciale ; et loin aussi des 14 francs que rapportent, en France, les forêts de chênes-liège domaniale (1), toujours d'après M. Burdeau, quoique ce revenu de 14 francs me paraisse très faible, vu la valeur qu'ont en France les forêts de chênes-liège en pleine exploitation.

D'après M. Burdeau (2), la mise en valeur des

---

(1) page 83 du rapport de M. Burdeau.
(2) page 80, dernier alinéa.

270,000 hectares de chênes-liège restant à l'Etat, exigerait, pendant une douzaine d'années, une dépense annuelle supplémentaire de un million et demi, ce qui ferait dix-huit millions pour les 270,000 hectares, soit 66 fr. 66 par hectare.

Comparons maintenant les chiffres : si M. Burdeau reconnait que la mise en valeur peut coûter 66 francs l'hectare, il résulterait que les 170.000 hectares concédés à des particuliers, ont dû coûter 11.332.200 francs pour la mise en valeur seulement, c'est-à-dire plus qu'elles n'ont rapporté en 31 ans, ce qui prouverait que les propriétaires, loin d'amortir leur capital, ont perdu le prix d'achat, le coût des constructions et l'intérêt de ce capital pendant 30 ans. C'est précisément ce que nous démontre le fait, d'accord avec les chiffres de M. Burdeau qui ne s'attendait guère, sans doute, à ce qu'on pût en tirer cette déduction.

Je me hâte d'ajouter que tous ces chiffres sont erronnés, aussi bien les uns que les autres ; dans un chapitre à part « Colonisation par les forêts », j'aurai occasion de donner les chiffres véritables, basés sur l'expérience acquise pendant 20 années d'exploitation de chênes-liège en Europe et vingt autres années en Algérie, à part l'expérience d'un siècle, transmise de père en fils, dans ma famille de *forestiers-liégeurs*.

Mais revenons aux forêts des particuliers.

Oui, l'Empire fit une faute grave, en distribuant entre ses favoris ce grand domaine forestier, comprenant ensemble 170.000 hectares ; elle fut d'autant plus grave que, parmi les concessionnaires primitifs, je vois des généraux, des officiers

de marine, des préfets, des barons, des notaires,
des avocats, des tailleurs, etc.., mais pas un
sylviculteur, pas un forestier connaissant le
métier ; à leur tour, ces concessionnaires augmen-
tèrent le mal en prenant des directeurs, des agents,
eux aussi étrangers au métier. Dans ces conditions,
pouvaient-ils réussir ?

Si on avait créé, dans ce domaine, des centres
forestiers, comme il en existe en Espagne et en
France aussi, dans les Pyrénées-Orientales, dans
le Lot-et-Garonne, dans le Var, et que l'on eut
vendu, avec des facilités de payement, des lots de
forêt de 100 à 200 hectares, suivant peuplement, à
des familles capables de les bien exploiter, toutes
les forêts de chênes-liège seraient entièrement
peuplées, ces familles auraient introduit en Algérie
une importante industrie : la fabrication et le commerce de bouchons et toutes les forêts, au lieu
d'être ruinées, seraient florissantes, car chaque
famille eût défendu ses 100 hectares au péril de sa
vie, et la densité même du peuplement, eût rendu
les incendies impossibles ; du reste, l'indigène lui-
même serait devenu forestier, liégeur, bouchonnier,
métiers, tous, pour lesquels il a une très grande
aptitude.

Non ; ces gros apanages ne portèrent pas bonheur à ceux qui les briguèrent ; c'est une grave
erreur, dont il faut faire justice, que de croire et de
propager que les concessionnaires primitifs, devenus propriétaires par le décret du 2 févier 1870,
ont réalisé de gros bénéfices par suite des conditions obtenues et aussi par suite des indemnités
pour cause d'incendie : Nous retrouverons plus
loin la question des indemnités, qui mérite une

étude à part ; bornons-nous à répéter ici, ce que nous avons dit en commençant, qu'en dehors de trois ou quatre exploitations florissantes encore, (grâce à des circonstances spéciales), mais qui peuvent être dévastées dans un an, presque toutes les autres sont ruinées et les nouveaux acquéreurs qui, eux, ne sont pas des favoris de l'Empire, ne sont guère plus heureux que leurs prédécesseurs.

J'ai sous les yeux la liste des propriétaires forestiers actuels, et la plupart sont acquéreurs, comme moi, en deuxième ou troisième main ; peu des primitifs propriétaires ont pu résister aux désastres des incendies ; pour ma part, les trois forêts que j'ai gérées comme co-propriétaire, furent achetées à la barre du tribunal et le produit ne suffit pas à désintéresser les créanciers ; quant aux actionnaires ou aux propriétaires, ils avaient tout perdu : c'est un fait notoire.

Vous comprendrez, Messieurs, qu'il ne m'est pas permis d'étaler ici des noms propres ; mais, j'insiste sur ce point, que l'Empire fit à ses favoris un triste cadeau et il est tout au moins étrange, qu'on continue de dire que les forestiers se sont enrichis, alors qu'on ne voit partout que des ruines.

Oui, les forêts sagement exploitées et préservées surtout, peuvent devenir une excellente affaire et donner de brillants résultats et je m'étonne, à bon droit, des calculs fantaisistes auxquels se livre M. Burdeau, à la suite de l'administration forestière, au sujet des revenus futurs des forêts domaniales qui doivent rapporter de 8 à 10 millions à bref délai, sans presque rien coûter, calculs pour lesquels, malgré l'expérience du passé, on ne tient compte d'aucun aléa, notamment de l'incendie qui peut détruire, en un jour, tout cet échaffaudage de chiffres. C'est toujours la fable de *Perette et le pot au lait.*

Non ; l'Etat ne pourra pas sauvegarder les forêts qu'il prétend conserver ; si, par impossible, il les sauvegardait, elles ne seront jamais, entre ses mains, un élément de colonisation, il n'en obtiendra jamais des produits suffisamment rémunérateurs, parce que ce n'est pas son métier, parce qu'il n'a jamais démontré sa compétence pour une exploitation industrielle, et celle du liège l'est au premier chef.

Je le répète avec une profonde et douloureuse conviction ; en continuant d'exploiter les forêts comme jusqu'ici, loin de nous donner les produits que l'on promet, elles auront entièrement disparu avant 50 ans. M. Burdeau se trompe quand, prévoyant et annonçant la gravité du danger, il ajoute, pour rassurer, sans doute, notre patriotisme, qu'il ne le croit pas aussi pressant que l'indique la prophétie de son collègue, M. Bourlier. Il est très pressant, au contraire, il faut se hâter de le conjurer ; que faut-il pour cela ? une volonté ferme, beaucoup d'argent et un plan d'ensemble rationnel.

CAUSE DES INCENDIES

Les causes des incendies sont multiples ; je les diviserai en deux groupes : les incendies accidentels et les incendies délictueux, Voici quelques exemples d'incendies accidentels, dont j'ai été personnellement témoin et que je cite, parce qu'en même temps qu'ils détruisent la théorie des incendies spontanés, ils prouvent que ces incendies-là n'ont jamais grande importance : une chèvre marchant sur une allumette, que quelque ouvrier avait laissé tomber dans un chantier, met le feu dans des brousailles sèches ; une boîte d'allumettes, tombée d'une poche sur la terre, un jour de siroco, s'enflamme à ce simple choc ; un muletier jetant sa cigarette au bord du sentier, dans des herbes sèches, allume un incendie ; un chasseur en allume un autre avec la bourre de son fusil ; un indigène voulant éloigner un essaim d'abeilles 'pour prendre le miel dans un tronc creux, met involontairement le feu aux brousailles voisines ; très souvent les petits bergers, pour se chauffer l'hiver, et en s'amusant l'été, provoquent étourdiment des incendies. Mais dans tous ces cas, la propagation se fait lentement, l'alarme est vite donnée et les secours arrivent à temps. Le feu n'aura parcouru que de 1 à 10 hectares, ce qui n'a pas grande importance.

Il n'en est pas de même des incendies que j'ai dénommés délictueux. Les incendiaires, car ils sont toujours plusieurs, choisissent leur jour, leur heure propices ; les lieux où les secours ne pourront arriver que lorsque l'incendie ne sera plus abordable ; ils allument plusieurs foyers simultanément et à de grandes distances l'un de l'autre, mettent le feu au nord par un fort mistral, lorsqu'ils veulent brûler la partie sud ; et au sud par un grand siroco, lorsque c'est la partie nord qu'ils veulent atteindre. Que peut-on contre de pareils moyens, avec les systèmes employés jusqu'ici ? rien, absolument rien, que se croiser les bras et regarder s'en aller en fumée toute cette immense richesse. Mais, n'anticipons pas et définissons séparément chacune des trois sortes de ces incendies délictueux.

Je place en première ligne la nécessité inéluctable, dans laquelle se trouve l'indigène d'éloigner de son douar, par fanatisme religieux, les sangliers qui souillent son champ et, par les besoins de l'existence, les fauves qui déciment ses troupeaux.

En outre, les broussailles devenues impénétrables aux-dits troupeaux, ne leur procurent qu'une insuffisante et maigre nourriture : l'incendie leur ouvre de nouveaux terrains de parcours et leur livre, pendant quatre ou cinq ans, d'abondants pâturages.

Contre ces incendies qu'on n'évitera jamais, quoi qu'on fasse, le remède est simple : il faut les autoriser, les réglementer, les diriger, de façon à éviter leur propagation aux forêts peuplées, tout en donnant satisfaction à cette nécessité créée par les mœurs pastorales indigènes. Je craindrais, Messieurs les Sénateurs, de fatiguer votre attention en entrant dans des détails techniques d'exécution ; je me bornerai à vous dire que cette méthode a déjà été expérimentée et qu'il m'est possible de démontrer théoriquement et pratiquement, qu'elle est réalisable, en faisant ce que font les incendiaires, mais en sens inverse, c'est-à-dire en choisissant comme eux le jour, l'heure, le lieu et le vent, en s'entourant de quelques précautions et avec le concours des douars intéressés.

Viennent ensuite les incendies qu'allume la vengeance.

Les représailles, ainsi que la responsabilité collective (dont nous parlerons plus tard), sont tellement dans les mœurs des indigènes, qu'ils se croient en droit de les exercer contre l'Etat ou contre les propriétaires, lorsqu'ils ont eu à se plaindre d'un de leurs agents.

Je dois reconnaître que les propriétaires et les agents forestiers sont parfois durs pour des délits, au fond, sans grande importance ; les rigueurs du Code forestier ne sont pas compréhensibles pour l'indigène et ne pouvant admettre qu'elles soient dans la loi, il les subit comme une injustice et comme une exaction qui crient vengeance.

Chaque franc qu'un procès-verbal rapporte à un propriétaire ou à l'Etat, coûte un million à la richesse publique. En 20 ans et sur près de 20,000 hectares que comprennent les trois forêts que j'ai mises en valeur, je n'ai donné suite qu'à deux procès-verbaux nécessaires pour affirmer mon droit de propriétaire ; après le jugement, je payai les frais et fis remise aux intéressés des indemnités obtenues. Comme conséquence, *jamais* le feu n'a été mis chez moi ; je n'ai été atteint que par l'incendie venant du dehors et envahissant mes limites par divers côtés, sur une longueur de plusieurs kilomètres. Quand je n'ai eu à le combattre que d'un côté, quelle que fut la longueur de son front d'attaque, je l'ai toujours arrêté sur ma tranchée-limite, *parce que j'avais là, mes chantiers de préservation et de secours, 150 hommes, équipés et entretenus* ad hoc, *tout l'été, à mes frais.*

Il y a enfin les incendies ayant vraiment un caractère insurrectionnel, comme ceux de 1871 et 1881, s'étendant simultanément sur tout le littoral, allumés et rallumés par tous les vents et de tous les côtés à la fois. Ceux-là ne peuvent se combattre que comme on combat l'ennemi, par un châtiment exemplaire, immédiat et en lui faisant payer les frais de la guerre.

J'ai dit que les rigueurs de notre Code forestier étaient incompréhensibles pour l'indigène; je crois, Messieurs les Sénateurs, devoir appeler votre attention sur l'utilité qu'il pourrait y avoir d'en suspendre, dans certains cas, les effets et de promulguer une loi spéciale à l'Algérie pour les délits forestiers, surtout pour ceux de pacage dans les forêts non brûlées et défensables ; mais autant je me montrerais conciliant et généreux pour les délits qui, je le répète, n'ont qu'une importance infime, comparés aux incendies, autant je serais inexorable pour les incendies accidentels ou volontaires et pour le pacage dans les forêts brulées.

Le délai de six ans n'est pas suffisant pour qu'une forêt brûlée devienne défensable ; on devrait le porter à dix ans. Il faut que l'Arabe sache et comprenne qu'il a tout intérêt à la conservation des forêts dont le parcours et les pâturages peuvent lui être concédés gratuitement ou moyennant des redevances modiques ; tandis

que le parcours et le pacage dans les forêts
brûlées lui seront pour longtemps interdits et que
les cantons incendiés constitueront, pour lui, une
perte réelle et une menace constante de procès-
verbaux ruineux.

Examinons rapidement les mesures d'ensemble
et l'ensemble des mesures à prendre pour éviter
les incendies et pour en amoindrir les risques.

La première de ces mesures, c'est de faire subir
aux indigènes en les adoucissant, si c'est jugé
nécessaire, les pénalités auxquelles ils ont été
condamnés pour cause d'incendie. Des châtiments
imposés comme justes et nécessaires hier, ne
peuvent pas rester aujourd'hui lettre morte. Un
tel procédé n'est pas compris comme un élan
humanitaire ; l'indigène n'y voit qu'un acte de
faiblesse, la reconnaissance d'une erreur ou la
réparation d'une injustice commise à son égard.
Réfléchissez, Messieurs les Sénateurs, à quelles
conséquences le conduisent ces prémices. Quel
frein l'arrêtera désormais si les pénalités édictées
deviennent de vaines menaces ?

La deuxième mesure consisterait à laisser
pénétrer les troupeaux indigènes dans les cantons
défensables, moyennant un modique droit de
parcours ; mais à leur défendre irrévocablement
l'entrée des cantons incendiés, en portant à 10
ans, au lieu de 6, la période de défense absolue.

Ce droit de parcours pourrait être converti dans
les forêts domaniales en journées de travail pour
ouvrir des chemins et des tranchées, sous la di-
rection du service forestier ; ce serait une des mille
occasions qu'il faut prendre aux cheveux, pour
imposer le travail aux indigènes et les y habituer.

Il faut exiger l'exécution, dans les forêts de l'Etat, comme dans les autres, des tranchées consignées dans la loi ; non pas que ces tranchées puissent arrêter le feu, si elles ne sont pas défendues par des équipes mais parce qu'elles permettent à ces équipes de secours de se porter rapidement et sans danger d'un point à un autre ; de résister à la chaleur et à la fumée, d'établir une ligne de défense avant que le feu arrive et d'allumer sans risques un contre-feu pour arrêter l'incendie.

Il faut que chaque propriétaire, l'Etat tout le premier, soit obligé d'entretenir, pendant les trois mois d'été, des équipes à raison de un homme par chaque 200 hectares, équipes qu'il occuperait en travaux de préservation, mais qui, convenablement organisées , seraient prêtes à courir au feu au premier signal. Cette dépense de 1 franc par hectare et par an ne serait pas une prime d'assurance trop forte, eu égard au travail produit et aux intérêts sauvegardés ; et fournirait encore une occasion d'occuper l'indigène et de l'exercer au travail.

Il faut que chaque maison forestière et chaque commune mixte soit pourvue des outils nécessaires, pour en armer immédiatement les hommes réquisitionnés accourus au feu.

Lors d'un vaste incendie dans une forêt domaniale, j'ai vu arriver, sur les lieux menacés, un garde forestier seul, avec la seule serpe dont il pût disposer ; l'administrateur arrivait de son côté suivi d'un adjoint, des cheiks, des gardes champêtres et de 100 arabes réquisitionnés ; tous avaient les mains vides ; les indigènes pieds nus, vêtus d'une simple gandourah de coton, flottant au vent, constituant pour eux un danger sérieux.

Quelle que soit la capacité, le dévouement d'un fonctionnaire, que peut-il faire de ces gens-là ? Loin de marcher au feu, ils ne peuvent que songer à s'en défendre ; ils ont toujours été un embarras et une gêne pour mes équipes. Une bonne organisation pourrait remédier à cela et faire, de ces hommes encombrants et inutiles, de véritables équipes de secours. Mais, le seul vrai moyen de préserver les forêts serait, nous l'avons déjà dit, de les peupler de fermes et de centres Européens, par lots de 100 à 200 hectares, vendus à un prix raisonnable, à des familles de véritables forestiers, pouvant justifier qu'elles possèdent le capital nécessaire pour la mise en valeur et pour l'entretien.

C'est là un projet que je développerai dans un prochain chapitre.

PÉNALITÉS, CODE DE L'INDIGÉNAT

JUSTICE

L'honorable M. Burdeau a raison, quand il s'élève contre les pénalités trop fortes imposées parfois aux indigènes, pour cause d'incendie ; non que ces pénalités soient imméritées, mais parce que, étant trop fortes, notre faiblesse ou notre philanthropie en retarde ou en élude l'exécution ; il a raison encore quand il préconise des pénalités moins dures mais subies à bref délai, immédiatement, si possible ; et quand il conseille de frapper de transplantation les douars les plus coupables, une pareille mesure étant toujours pour l'indigène d'un effet immédiat et profond, en même temps qu'exemplaire.

On dit souvent que l'indigène est un grand enfant : on dirait avec plus de raison que c'est un grand diplomate ; car enfant, il ne l'est que par un seul côté, par l'imprévision. En effet, l'avenir est au dessus de sa conception ; demain n'existe pas, un an c'est une éternité. Donc le présent est tout pour lui et il sera plus sensible à la confiscation d'une vache ou au payement immédiat d'une amende de 100 francs qu'à une condamnation de 1,000 francs payables dans un délai de 1 an, qu'au sequestre, dont il connaît les lenteurs et dont il espère s'affranchir. A part cette imprévision, qui naît de son fatalisme, l'Arabe est un roué compère qui, le plus souvent, se joue de nous ; il a toute la souplesse, toute l'astuce, toute la finesse d'esprit des races civilisées de l'Orient ; il est servi par son geste majestueux, par une parole abondante et mielleuse et par une imagination qui ne le cède en rien aux Gascons ni aux Andalous et c'est de lui surtout qu'on peut dire que la parole sert à l'homme pour déguiser sa pensée. Elle sert à l'indigène, surtout pour mentir effrontément et il ne craint même pas de se parjurer, pour peu qu'il y trouve son intérêt ou celui de ses coreligionnaires, dans leurs démêlés avec *le Roumi.*

Il ne faut donc pas laisser accréditer cette fausse opinion, que l'Arabe doive être traité comme un grand enfant ; de là à dire qu'il est irresponsable, il n'y a qu'un pas et la Société protectrice des indigènes pourrait le franchir. Habituons l'indigène à la prévoyance et, attendant ; soyons prévoyants pour lui, soit : mais soyons énergiques et prompts dans le châtiment, pour tous les délits dont nous sommes les victimes, qu'il commet en parfaite connaissance de cause et avec une grande préméditation.

L'incendie des forêts, quelqu'en soit d'ailleurs le mobile, doit être justement, mais promptement et sévèrement puni ; n'appliquez pas le sequestre, si vous voulez, mais de grâce, maintenez la responsabilité collective pour les amendes ou pour les autres pénalités dont vous croirez devoir frapper ce délit. Ceux qui trouvent la responsabilité collective contraire à la justice, contraire à l'équité, jugent de cette pénalité d'après nos idées, d'après nos mœurs et ne savent rien des idées et des mœurs indigènes.

Chez eux, la responsabilité collective est le corollaire de la solidarité qui existe chez toutes les peuplades non policées, obligées de se défendre contre les déprédations des peuplades voisines. Lorsque quelques individus d'un douar volent des bêtes dans un douar voisin, celui-ci ne se fera pas faute de *razier* à l'occasion, tout un troupeau sans s'inquiéter de savoir s'il appartient à une autre famille que celle du voleur. Autrefois, le rapt d'un cheval, le rapt d'une femme, mettait deux tribus en armes et provoquait des représailles sanglantes. Lorsqu'un membre d'une famille ou d'un douar assassine un membre d'une autre famille ou d'un autre douar, connaîtrait-on l'assassin, ce n'est pas lui que les parents de la victime recherchent ; ce n'est pas sur lui qu'on se venge, mais sur un membre quelconque de la famille ou du douar ; on recherche de préférence le chef.

Avant nous, les Turcs ont toujours appliqué la responsabilité collective.

De tous ces précédents, j'ai voulu tirer la conséquence que l'indigène ne s'étonne même pas de l'application de cette pénalité, car elle est dans ses traditions, elle est dans ses mœurs, dans sa constitution sociale, dans son sentiment de solidarité. Supprimez la responsabilité collective, et tous les délits et les crimes contre les biens ou les personnes des Européens resteront impunis. Le douar ou la tribu se renferment derrière l'incendiaire ou l'assassin et devient impénétrable à l'œil de la justice. Tout le monde, dans la tribu, connaît le criminel. Tout le monde excepté vous ; le cheïk lui-même ne le livrera que s'il a de bonnes raisons pour le faire : un intérêt personnel ou une haine de famille à satisfaire.

Chez l'Arabe, l'individu n'a pas plus de personnalité qu'il n'a d'état civil ; il disparait et se fond dans la famille dans le douar où toutes les individualités vivent d'une vie commune ; les troupeaux sont gardés en commun, la terre est commune ; ceux qui ont des charrues labourent pour ceux qui n'en ont pas ; ceux qui ont du blé, nourrissent les déshérités ; c'est toujours la collectivité qui agit ou qui fait agir, après accord préalable.

Non ; il n'est pas possible de juger une telle situation avec les idées que nous avons sur notre individualisme et sur notre responsabilité personnelle. Avant de modifier les pénalités et la justice d'après notre civilisation, cherchons à modifier les idées que se font de la pénalité et de la justice les indigènes ; modifions leur état social, créons chez eux la *personnalité individuelle, en y créant l'état civil individuel et la constitution de la propriété individuelle.*

Si de la théorie nous descendons à l'examen des faits, tous ceux qui ont vécu parmi les indigènes savent, comme moi, qu'aucun attentat contre les Européens ne se commet, chez eux, qu'ils ne se soient concertés au préalable ; pour les incendies, tout est minutieusement réglé et les rôles distribués à l'avance. Ces choses ne s'improvisent pas ; l'heure venue et le signal donné, nous avons vu du haut d'une crête vingt torches serpenter à la fois dans les sentiers de la vallée et aller mettre simultanément le feu à vingt foyers préparés d'avance.

Personne n'ignore que l'indigène ne travaillant pas, passe ses journées accroupi au soleil en hiver, à l'ombre en été, réunis par groupes de trois ou quatre, sur un mamelon d'où son œil exercé voit tout ce qui se passe à plusieurs kilomètres à la ronde. Les plus grandes solitudes sont peuplées de bergers qui ne gardent même pas leurs troupeaux, mais qui regardent et voient tout. Vous vous croyez seul, bien seul dans un pays perdu : surgit un pâtre au sommet d'un rocher, qui épie tous vos actes.

De ces observations, prises sur le vif, il résulte qu'il est matériellement impossible qu'il puisse se commettre un délit ou un crime sans que le douar en ait connaissance. Or, comme il ne livrera pas le coupable, s'il appartient à sa collectivité, il se rend son complice ; c'est encore à ce titre, que la responsabilité collective lui incombe. Rien ne nous oblige à faire une application abusive de notre pouvoir, de notre droit ; mais rien ne nous oblige à nous en dépouiller. Conservons nos armes, ce serait une grande faute que de désarmer ; il sera toujours temps de le faire.

Je saisis l'occasion qui s'offre ici, pour protester contre l'erreur propagée par certaines personnalités, tendant à faire croire que le Gouvernement de l'Algérie a fait un emploi fréquent et abusif de la responsabilité collective. Je ne sais ce qui a pu se passer avant 1871 et j'ai déjà dit que je ne voulais parler que de ce que je sais bien ; mais en 1871, devait-on, oui ou non, appliquer la responsabilité collective, pour châtier l'insurrection du fusil et celle de l'allumette, qui éclatèrent à la fois ?

Depuis 1871 nous avons eu à la tête du pouvoir en Algérie M. Albert Grévy et M. Tirman que vous connaissez sans doute, Messieurs les Sénateurs, et dont je n'ai pas à vous rappeler les sentiments humanitaires et le tempérament pondéré, péchant plutôt par excès de modération, que par l'excès contraire. Je suis certain que, pour quiconque connaît ces deux hautes personnalités, il n'est pas admissible qu'ils se fussent décidés à appliquer le sequestre et les amendes collectives, s'ils n'y avaient été absolument contraints par les résultats bien évidents des enquêtes ; et si ces mesures ne leur avaient été imposées par leur devoir et par le sentiment de justice, comme mesure politique et comme châtiment.

Ceux qui déclament contre ces mesures, ont-ils lu les enquêtes, ont-il eu connaissance de la discussion qu'elles provoquèrent en Conseil de Gouvernement ? Savent-ils que ces commissions d'enquête étaient composées de hauts fonctionnaires qui, entièrement opposés au début, à la responsabilité collective et au sequestre, furent forcés, sur les lieux, de se rendre à l'évidence et de proposer eux-mêmes les mesures qu'ils réprouvaient d'abord? Non; ils ne savent pas évidemment tout cela et cette ignorance, très excusable chez des savants, fort honorables, mais qui dicertent sur ces questions 10 ou 20 ans après et à trop grande distance, les rend injustes pour toute l'Administration algérienne qui, n'ayant fait que son devoir, se voit accusée d'injustice, de rapacité, d'abus de pouvoir et, pour un peu, d'anthropophagie !

Il est une autre question qui a soulevé certaines protestations en France ; c'est celle du Code de

l'indigénat, dont on demande la suppression.
Commencez alors par supprimer les Administrateurs, car, sans une autorité tangible, ayant
une sanction, ils ne seraient plus aux yeux de
l'indigène que des fonctionnaires absolument
ridicules.

Je ne cesserai de le répéter ; on commet très
souvent cette faute de vouloir juger l'indigène
au point de vue français ; de vouloir l'élever
brusquement jusqu'à nous, au lieu de l'y conduire sûrement par des échelons successifs.
L'indigène veut, non seulement être gouverné,
mais surtout *se sentir* gouverné; l'autorité lointaine
et la justice tardive, il n'en a cure, et je répéterai
ici ce que j'ai dit à propos des pénalités, il faut
que le châtiment suive immédiatement la faute. Il
n'admet pas, il ne comprend pas, qu'on puisse
l'envoyer en police correctionnelle quinze jours
après la faute commise.

Du reste, il suffit de se rendre compte de
l'importance des circonscriptions en superficie et
en population, pour reconnaître qu'il faudrait
tripler le nombre des juges de paix, s'ils étaient
appelés à entendre et à juger toutes les fautes ou
délits compris dans le Code de l'indigénat. La
superficie des communes mixtes varie entre 50 et
100.000 hectares, quelques-unes dépassent même
140.000. La population de chaque commune varie
entre 20 et 35.000 âmes ; l'autorité *passive* d'un
juge de paix, qui, outre une commune mixte, a
sous sa juridiction une commune de plein exercice,
se trouve perdue dans ces espaces, noyée dans
cette population.

Le juge, dans son prétoire, n'a pas assez de contact avec la population indigène.

Que dirons-nous des formalités de la procédure: citations par huissier, interprètes-jurés, frais etc... Je sais bien que les Administrateurs peuvent mésuser de pouvoir qu'ils ont d'infliger certaines peines ; mais, pourquoi suspecterions-nous la compétence, la droiture, l'intégrité de ces fonctionnaires, alors que nous ne suspectons pas ces qualités chez le juge de paix qui est, comme tout homme, sujet à erreur ? Si c'est parce que les juges de paix sont choisis dans un milieu d'élite, j'aime à supposer que les Administrateurs y sont choisis aussi ; et s'il n'en est pas ainsi, le remède est bien simple : qu'on fasse un meilleur choix, car je veux croire que les honnêtes gens ne sont rares ni en France ni en Algérie.

Supprimez les pouvoirs disciplinaires des Administrateurs et vous supprimez tout leur prestige, toute leur autorité. Pour moi, il n'y a pas de doute que ceux qui auraient souci de leur dignité, seraient réduits à remettre leur démission. Les indigènes que l'on aurait cru protéger seraient entièrement livrés à leurs chefs subalternes, gardes-champêtres et cheïks qui, eux, n'y regarderaient pas de si près et, s'en tenant à la tradition, ne porteraient pas plainte mais empocheraient le prix des transactions ou bien, enverraient au délinquant, la citation à comparaître au bout de leur *matraque*. Ce serait à la fois plus économique et plus expéditif ; et j'ajoute que les Arabes eux-mêmes préféreraient cela aux dérangements, aux ennuis et aux frais d'une citation en justice. Et

voilà comment, ¡Messieurs les Sénateurs, par trop
de zèle, nous ferions du progrès à reculons.

Si les hommes abusent de la loi, ce que pour
ma part, je ne pense pas, les ayant vus de près à
l'œuvre, changez les hommes mais conservez la
loi ; elle permet du reste à l'indigène de faire
appel au Sous-Préfet des punitions de l'Administrateur et il est de sa nature très porté aux
réclamations, mêmes les plus invraisemblables ;
soyez tranquilles, il sait faire valoir ce qu'il croit
être son droit, devant toutes les juridictions et il
ne s'en fait pas faute.

Un mot encore au sujet des administrateurs : il
est indispensable qu'il soit mis fin à ce chassé-
croisé perpétuel qu'a blâmé si justement et avec
tant de verve M. Burdeau ; lorsqu'un Administrateur commence à connaître sa circonscription, ses
administrés, son personnel, lorsqu'il a fait, en un
mot, son apprentissage, car il a toujours un
apprentissage à faire, et qu'il commencerait à
rendre des services sérieux, vite il s'en va admi-
nistrer une autre circonscription, de lui inconnue,
et commencer un nouvel apprentissage aux dépens
un peu de tout le monde, même aux siens ; car
les frais de voyage et de transport le ruinent.
Exemple : — Un administrateur a fait, dans le sud,
l'apprentissage de la lutte contre les criquets ; un
autre, sur le littoral, est passé maître dans la lutte
contre les incendies ; ils permuttent : qu'en
résultera-t-il ? rien de bon, n'est ce pas ? Je ne
m'appesantirai pas davantage. Il suffit de signaler
de telles anomalies ; tout commentaire devient
inutile.

Il est également indispensable que la langue

arabe ou kabyle devienne, *de fait*, obligatoire pour tous les fonctionnaires qui sont en contact immédiat, constant, avec les indigènes. On ne saura jamais ce qu'il en coûte à ceux-ci de ne pouvoir communiquer avec les juges de paix, les administrateurs, les recenseurs etc... et à combien d'erreurs, de déboires, d'avanies et de médisances, sont exposés ces fonctionnaires ne pouvant entendre les hommes et juger des choses que par l'entremise d'autrui.

De la justice, je ne dirai qu'un mot. N'ayant aucune compétence pour traiter cette question, je me bornerai à répéter ce que j'entends dire journellement aux indigènes, à exposer ce qui, dans la pratique, se passe sous mes yeux.

Les indigènes trouvent notre justice, à tous degrès, beaucoup trop lente, trop méticuleuse et trop coûteuse.

Le Cadi avait la connaissance profonde des hommes et des choses en discussion dont ces hommes venaient le saisir ; étant à peu près inamovible, il connaissait le dessous des cartes de chaque litige et, en tous cas, il avait mille moyens de le connaître à très bref délai, par une enquête confidentielle, menée rapidement ; il n'était pas arrêté par les délais de procédure, ni par des formalités légales ; il marchait droit au but et, sa conviction faite, il prononçait.

Tout se passait en peu de jours et sans frais, comme qui dirait, en famille.

Il suffit d'assister deux ou trois fois à une audience de la Justice de paix, pour comprendre la préférence des indigènes pour la justice de leurs Cadis.

Notre procédure, notre loi, sont pour eux trop formalistes ; le Juge, qui change trop souvent de résidence, est toujours étranger aux choses de la région ; il n'a jamais le temps de connaître ses justiciables ; c'est à peine s'il peut connaître son personnel ; il ne sait pas un mot d'arabe ; il se sent débordé de travail ; la nécessité de l'interprète fait perdre un temps précieux et fausse souvent, sinon la lettre, l'esprit des déclarations et des débats.

Les faux témoignages indigènes sont la règle en Justice de paix et mettent le Juge en grande perplexité ; le Cadi les démasquerait aisément et les punirait sur l'heure ou en ferait jeter à la porte les auteurs.

Le Juge, sentant sa conviction vaciller, ne parvenant pas à démêler la vérité, renvoie à huitaine pour entendre de nouveaux témoins et voir arriver de nouvelles preuves qui sont tout aussi douteuses, tout aussi contradictoires que les précédentes ; sa conscience hésite et il veut juger consciencieusement : Il renvoie à quinzaine.

Bref, il s'agissait de la propriété d'un bourricot qui valait 30 francs et les deux litigants ont dû parcourir 40 kilomètres entre aller et retour, pour chaque audience, ci, pour trois audiences, 120 kilomètres et trois journées perdues ; coût des assignations aux témoins, 120 francs, plus le jugement, etc..., durée du litige, un mois.

Ce tableau n'est pas inventé, Messieurs les Sénateurs, il est pris sur le vif, et je vous fais grâce des péripéties d'audience.

Il est un point sur lequel Indigènes et Européens sont tous d'accord : C'est celui de soustraire aux jurés français la connaissance des crimes entre indigènes. Cette réforme s'impose ; je n'insisterai pas sur son utilité et sur son équité ; d'autres, plus autorisés que moi, ont dû certainement le faire.

Quant aux délits ou crimes entre Indigènes et Européens, ils doivent continuer à être jugés par les jurés français, On pourrait admettre, toutefois, sans inconvénient, l'adjonction dans ce jury, de deux indigènes parlant correctement le français, mais n'ayant pas voix délibérative ; ils seraient là, surtout, pour donner la garantie aux accusés et aux témoins, que leurs paroles seront fidèlement traduites par l'interprète et qu'elles seront exactement comprises, dans le vrai sens, par le jury. J'ai bien souvent entendu les indigènes se plaindre d'être entièrement entre les mains de l'interprète, qu'ils considèrent, à tort ou à raison, comme le seul arbitre de leur sort.

INDEMNITÉS

POUR CAUSE D'INCENDIE

M. Burdeau, esprit clairvoyant, n'aurait pas dû se faire, à la Chambre, le porte-voix des erreurs ramassées de ci, de là, qui fourmillent dans le chapitre où il traite des forêts et des indemnités pour cause d'incendie. Ces erreurs me prouvent que l'honorable député n'a pas fait, en cette circonstance, une enquête contradictoire.

Malgré le peu d'égards qu'il a pour les propriétaires forestiers, il admettra bien qu'il s'en trouve de compétents, honnêtes et sérieux. S'il avait consulté un de ceux là, il aurait pu contrôler tous les dires, pour juger sainement, sans parti pris, une question aussi grave.

Comment M. Burdeau a-t-il admis un seul instant « que les incendies puissent être une source de profits pour les concessionnaires de forêts ? » (1)

Puisqu'il affirme que cette opinion est accréditée en Algérie, il aurait pu nous dire dans quel milieu ; cela nous aurait permis de la combattre à sa source ; mais, quoi qu'il en soit, l'erreur mérite d'être relevée et détruite, ce qui

---

(1) Je constate, en passant, qu'il n'y a pas de concessionnaires et que ce seul mot trahit la source des renseignements.

me sera facile par un simple argument, dont M. Burdeau ne pourra pas contester la logique.

Après chaque incendie, une Commission administrative, nommée par le Gouverneur Général, est chargée de faire, sur les lieux, l'estimation des pertes subies par chaque particulier. Cette commission, composée de hauts fonctionnaires compétents, *et au dessus de tout soupçon de connivence avec les propriétaires*, dépose son rapport, qui est contrôlé par tous les chefs de service et remis ensuite au Gouvernement Général, où il est examiné, épluché, discuté par le Conseil du Gouvernement. Après quoi, Monsieur le Gouverneur, *lorsque l'incendie a revêtu un caractère vraiment insurrectionnel, comme en 1881*, par exemple, impose aux incendiaires le séquestre ou des amendes collectives et offre à leurs victimes, sur le produit de ces pénalités, une indemnité de 40 0/0 des pertes qui ont été constatées, fixées par la commission et qui sont toujours évaluées, pour des raisons économiques politiques ou autres, bien au dessous de leur importance !

Ici se place ce dilemme : ou la Commission supérieure a estimé les pertes *au triple* du chiffre réel, ou M. Burdeau s'est fait trop facilement l'écho de ce qu'il appelle un bruit accrédité et qui n'est, s'il existe ailleurs que dans certains bureaux, qu'un bruit absurde.

Faisons largement les choses : supposons que la Commission se soit trompée et qu'elle ait été...... aveugle, au point de se tromper du tout au tout ! qu'elle ait vu double, compté, estimé double ! Voulez-vous aussi que les chefs des services départementaux, ceux du Gouvernement général, les membres du Conseil supérieur et le Gouvernement général, aient accepté et consacré tous une si grossière erreur? Soit. Même dans ce cas, les sinistrés ne toucheraient que le 80 % de leurs pertes réelles et M. Burdeau serait fort en peine pour nous expliquer comment le 40 ou même le 80 % de leurs pertes, peut enrichir les victimes des incendies.

C'est beau des phrases à effet, prononcées du haut de la tribune par un homme dont nul ne songe à nier la compétence et la bonne foi ; mais elles ne sauraient prévaloir contre la raison, contre la logique, contre la vérité.

M. Burdeau s'est trompé parce qu'il a été trompé et parce que, en cette circonstance, il s'est départi de sa méthode analytique habituelle, en oubliant que : qui n'entend qu'une cloche, n'entend qu'un son.

M. Burdeau appuie aussi son argumentation sur l'annonce publiée par un propriétaire « qui cherchant à vendre sa forêt, tire des indemnités un argument pour encourager les amateurs à venir acheter des propriétés si sûres, si faciles à exploiter. »

Que prouve, dans l'espèce, la réclame..... disons artificielle, pour ne blesser personne, de ce vendeur faisant miroiter les indemnités obtenues, non pas comme un appât de gain, mais comme une atténuation du risque ? ce qui n'est pas la même chose.

Si sa forêt n'avait pas été fortement hypothéquée, s'il avait eu en mains une bonne affaire, ce propriétaire-là n'aurait pas tant cherché à vendre.

J'espère que si M. Burdeau m'a fait l'honneur de lire jusqu'ici cette étude, il a déjà modifié son opinion en ce qui concerne surtout la sûreté et la facilité des exploitations forestières. Il aura vu qu'elles exigent, au contraire, une compétence spéciale, technique et qu'elles sont sujettes à de grandes dépenses et à un grand aléa.

Non, les incendies ne sont pas, pour les propriétaires, une source de bénéfices, ni le sequestre qui en a été quelquefois la conséquence non plus ; et si M. Burdeau, qui a précisément parlé des incendies de 1881 et de ses conséquences, avait été renseigné avec impartialité, il aurait appris que les tribus frappées de sequestre jouissent paisiblement de leurs biens sequestrés, sans avoir payé la soulte de rachat et sans payer de taxe locative ; il aurait appris que, si les 46 tribus reconnues incendiaires *pour faits assimilables à une insurrection,* ont payé les fortes sommes qu'il précise (1), ces sommes se sont engouffrées dans les caisses de l'Administration et que les victimes des incendies, parmi lesquelles se trouvent quatre ou cinq cents colons, autres que les forestiers, n'ont, après onze ans, presque rien perçu. Il saurait, que les malheureuses victimes ont dû toutes emprunter, pour réparer au possible leur désastre et que l'intérêt qu'elles ont payé, depuis 11 ans, a dévoré d'avance le 40 % auquel elles avaient droit. Il saurait aussi que de toutes ces ruines, celle des indigènes et celle des colons, l'Administration seule a profité en appliquant à des besoins, non prévus par la loi sus visée, des fonds destinés aux victimes et en gardant (2)

_____

(1) Page 77 de son rapport.
(2) Exposé des motifs de la loi du 27 juin 1887.

17.269 hectares, estimés par elle 2.050.000 francs, dont 5.000 hectares environ ont été remis définitivement au service forestier et 12.000 sont réservés à la colonisation.

Si après onze ans d'attente, rien, ou presque rien n'a été payé aux victimes des incendies, il n'est pas possible de dire avec M. Burdeau : « que les incendies ne sont pas pour les colons un fléau, et qu'ils n'ont aucun intérêt à les conjurer. »

Je pose ici un second dilemme : ou bien les indigènes ont payé et, dans ce cas, je demande ce qu'est devenu l'argent perçu ; ou bien, ils n'ont pas payé, et je demande alors qu'est devenu l'effet moral de la répression, de la pénalité.

S'il a payé, que doit penser l'indigène de cette administration qui garde l'argent et n'indemnise pas les victimes (parmi lesquelles il y a des indigènes aussi). Il doit penser, s'il ne pense pire, que cet argent a été détourné de sa destination légale ; et s'il n'a pas payé, comme il doit rire sous son capuchon de ces bons *roumis* qui commencent par faire beaucoup trop de bruit et finissent par faire trop peu de besogne !

Il est indispensable d'en finir avec cette irritante question, déjà beaucoup trop vieille et la Commission du Sénat appréciera, sans doute, que, tout en s'apitoyant sur le sort de ceux qui ont été reconnus coupables, il serait peut être aussi loyal de s'apitoyer sur le sort de ceux qui ont été reconnus comme étant leurs victimes ; et qu'il serait temps de faire exécuter dans sa lettre et dans son esprit, la loi du 23 juin 1887.

Puisque cette loi consacre les pénalités imposées aux collectivités indigènes, en même temps que le

droit de leurs victimes à une indemnité de
40 p. 0/0 de leurs pertes, il n'y a pas intérêt,
semblé-t-il, à revenir sur cette question de droit ;
mais puisqu'on prétend que les Arabes sont les
victimes et les colons les sacrificateurs, permettez-
moi, Messieurs les Sénateurs, de préciser quelques
points qui élargissent le débat.

La loi du 17 juillet 1874 (1) édicta que, lorsque
des incendies pourraient être assimilés à des faits
insurrectionnels, ils donneraient lieu à l'application
du sequestre et que les victimes des incendies
pourraient être indemnisées du préjudice souffert.
Elle leur ouvrait, même, le recours au Conseil
d'Etat contre la répartition du Gouverneur général.
C'était bien une reconnaissance de leurs droits à
la réparation des dommages. Cette intention du
législateur résulte, en outre, de l'exposé des motifs
de la loi et des débats auxquels elle donna lieu.

---

(1) Art. 5. — Les tribus et les douars pourront être frappés
d'amendes collectives dans la forme et suivant les conditions
fixées.

Art. 6. — Le produit des amendes sera versé au Trésor ; il
« pourra être affecté, en tout ou en partie, à la réparation du
préjudice causé par les incendies. Dans ce cas, le Gouverneur
Général dressera l'état de répartition et le notifiera aux
parties lésées ; le recours au Conseil d'Etat sera ouvert à
celles-ci dans le délai de deux mois, à partir de la notification,
contre les décisions prises par le Gouverneur Général à leur
égard.

Lorsque les incendies, par leur simultanéité ou leur nature,
dénoteront de la part des Indigènes un concert préalable, « ils
pourront être assimilés à des faits insurrectionnels », et, en
conséquence, donner lieu à l'application du séquestre, conformément aux dispositions actuellement en vigueur de l'Ordon-
nance royale du 31 octobre 1845.

Mais, n'en serait-il pas ainsi, que les droits des sinistrés subsisteraient entiers, évidents ; ils dérivent du [droit commun des articles 1.382 et 1.383 du Code civil et de la loi du 10 Vendémiaire, an IV.

En effet, le rapport de la Commission Supérieure concluait au caractère insurrectionnel des incendies de 1881 ; les délibérations du Conseil de Gouvernement y conclurent aussi ; c'est en vertu du caractère *insurrectionnel* de ces incendies que les pouvoirs publics appliquèrent le sequestre et la responsabilité collective.

Ceci exposé, ai-je besoin de démontrer que les collectivités insurgées devaient à leurs victimes la réparation des dommages ? En vertu du droit commun, les Communes sont responsables, tout comme en France, à moins que le titre de Communes mixtes ou indigènes ne leur crée une immunité.

Mais comment les victimes pouvaient-elles exercer leur droit ? L'Etat avait pris tous les biens des insurgés, avait tout mis sous sequestre. Puisqu'il prenait les biens sur lesquels les sinistrés pouvaient exercer leur recours, il est évident qu'il devait se substituer aux coupables pour la réparation des dommages. Il ne pouvait pas dire : Je prends tout, il ne reste rien, mais vous êtes libres d'exercer en vertu du droit commun, votre recours contre les Communes dépouillées par moi, pour cause d'insurrection. Evidemment, le cercle serait vicieux.

Il m'a paru nécessaire de bien établir le droit qu'ont les victimes des incendies de 1881 à la réparation des dommages subis, parce qu'il est nécessaire d'établir la vérité de faits trop souvent dénaturés.

Ce ne fut donc pas à titre gracieux, quoi qu'on en dise, que M. le Gouverneur général offrit le 40 p. 0/0 aux victimes ; ce ne fut que comme transaction que les sinistrés l'acceptèrent. La loi de juin 1887 ne fit, en quelque sorte, que sanctionner cette transaction.

Qu'est devenue, dans la pratique, cette loi protectrice ? Il me suffira de vous dire que depuis sa promulgation, c'est-à-dire depuis 5 ans, les indemnitaires n'ont touché qu'une somme insignifiante : 320.562 francs, dont 156.434 étaient déjà disponibles en caisse, lors du vote de la loi ; il n'aurait donc été recouvré que 163.128 fr., depuis 5 ans sur environ trois millions destinés à indemniser; à raison de 40 p. 0/0, plus de huit millions de dommages, subis par les Communes et les particuliers, l'Etat non compris.

Si l'on compare ce résultat avec les bienveillantes promesses du Gouverneur général M. Tirman, et avec la volonté du législateur de 1887, *nettement exprimée dans l'exposé de la loi*, dont je ne saurais trop, Messieurs les Sénateurs, vous recommander la lecture, on est en droit de se demander quelle est la force d'inertie ou la volonté suprême qui tient ainsi en échec une loi, laissant dans le besoin 500 petits colons qu'elle a entendu protéger et lésant les intérêts sacrés des propriétaires forestiers, ruinés par l'insurrection de l'allumette de 1881.

J'ai déjà démontré qu'en s'emparant des biens des insurgés, l'Etat avait enlevé à leurs victimes, tout moyen de faire valoir leur recours en réparation du dommage et que, par conséquent, il s'était, de fait, substitué aux Communes pour cette réparation.

Aux termes de la loi de juin 1887, sanctionnant les faits, *tous les produits du sequestre, sans exception,* doivent concourir au paiement des indemnités. Or, l'Etat, en s'emparant de nouveau, comme il le fait, de ces produits et de ces biens, se substitue une deuxième fois aux débiteurs et prend de nouveau à sa charge l'indemnité.

Si, pour des raisons que nous n'avons pas qualité de discuter, l'Administration juge devoir retarder indéfiniment le recouvrement des soultes de rachat ; si elle veut gracier les indigènes ; si elle veut conserver les terres, au lieu de les vendre, pour en tirer, plus tard, un meilleur prix ; si elle remet définitivement au service forestier une partie de ces terres ; si elle utilise, pour d'autres besoins coloniaux, des fonds provenant du sequestre........ il est évident qu'elle accule de nouveau, comme en 1881, les indemnitaires dans une impasse et qu'elle ne peut pas leur dire : « Je prends tout, je garde tout, je ne vous donne rien ; mais je reconnais vos droits qui sont imprescriptibles ».

La loi n'a pas entendu donner aux indemnitaires, des droits illusoires, et il est temps de faire cesser une pareille situation. Je ne vois qu'un seul moyen logique : puisque l'Etat garde les biens et en dispose selon sa volonté, selon ses intérêts éocnomiques ou politiques, qu'il désintéresse les indemnitaires en exécution de la loi et conformément à son esprit.

Après onze ans d'attente, cette solution s'impose.

COLONISATION

PAR LES FORÊTS, DANS LES FORÊTS

—••—

Au chapitre « Forêts » j'ai déjà dit que l'exploitation des chênes-liège était une exploitation
industrielle qui exigeait une organisation, des
capitaux, des aptitudes et un outillage spécial. J'ai
dit aussi, que le rôle de l'Etat devait se borner à la
conservation et au reboisement ; mais qu'il ne
devait pas devenir exploiteur direct, industriel,
marchand de liège, pas plus qu'il n'est marchand
de tanin, de traverses de chemins de fer, de laine,
de bétail, parce que, s'il entre dans cette voie, il
n'y a pas de raison pour qu'il n'embrasse pas toutes
les industries connexes à l'exploitation des forêts.

Entre les mains de l'Etat, les espaces immenses
occupés par les forêts resteront vierges de tout
peuplement ; cette absence de peuplement dans
ces grandes solitudes, en plein pays colonisé, sur
le littoral, est un anacronisme et un danger per-
manent pour la sécurité en même temps qu'une
ruine pour les forêts des particuliers. Ceux-ci,
quoiqu'ils fassent, ne pourront jamais se préserver des vastes incendies venus des forêts de l'Etat,
qui n'emploiera jamais les capitaux nécessaires à
une exploitation *préservatrice et rationnelle*. De
sorte qu'au lieu de la conservation des forêts,
unique but de l'exploitation directe par l'Etat, on
arrivera infailliblement, comme je l'ai démontré,
à leur disparition par des désastres successifs.

Je tiens d'autant plus à consigner mes idées là-dessus, que je m'attends d'avance à ce qu'elles ne seront ni suivies, ni acceptées. Les services compétents trouveront mille bonnes raisons pour défendre leurs théories et pour ne pas se déjuger.

Mais comme je suis absolument certain qu'un prochain avenir se chargera de me donner raison j'aurai eu, du moins, le triste honneur 'de jeter le cri d'alarme et d'avoir été le prophète de malheur.

En exposant, comme je vais le faire, un projet de peuplement Européen par, et dans les forêts, je n'ai pas le mérite de l'invention ; je n'ai qu'à copier ce qui s'est fait, au temps passé, dans les autres pays où s'exploite le chêne-liège, dont les forêts sont entièrement peuplées de fermes et de villages florissants.

En Espagne, en Portugal, en Italie, les particuliers seuls exploitent le liège. En France même, presque toutes les forêts de chênes-liège, sont entre les mains de particuliers; et, si l'Etat peut en exploiter quelques parcelles, c'est qu'elles se trouvent situées au centre des exploitations industrielles, particulières, de même nature et que ces forêts sont entre-mêlées d'autres essences forestières. Malgré cela, elles brûlent, même en France, beaucoup plus souvent que les forêts des particuliers et sont bien loin de rapporter autant que celles-ci, toute proportion gardée.

Ce qui, à la rigueur, pourrait être, je ne dirai pas avantageux, mais possible, en plein pays civilisé, au milieu d'une population dense, d'exploitations particulières bien tenues et au centre d'un pays industriel travaillant la matière première, devient irréalisable dans nos déserts et avec les mœurs indigènes.

Ceci exposé, je propose de créer en Algérie l'industrie de la fabrication des bouchons et le commerce de cet article en peuplant du même coup, nos forêts, de villages et de fermes européennes.

Avant d'entrer dans des détails d'exécution, récapitulons les avantages de mon projet.

Je mets, en première ligne, la conservation des forêts comme le plus important et je déclare, tout de suite, qu'autant il y avait folie de vouloir coloniser par des lots de 6.000 à 12.000 hectares, concédés à des gens qui ne devaient ni résider, ni exploiter avec compétence, autant il est raisonnable et sensé de coloniser par des ventes de 100 à 200 hectares faites à des familles qui, *toutes résideront et importeront une industrie dont elles vivront.* Ce serait douter de votre jugement, que de m'arrêter à faire ressortir les inconvénients du premier système que, du reste, l'expérience a condamné, et les avantages du dernier, sanctionné, au contraire, par l'expérience des autres pays. Pour la colonisation il ne faut pas de grands domaines, qu'ils appartiennent à l'Etat ou aux particuliers, pas plus qu'il n'en faut entre les mains des indigènes. Le morcellement est indispensable, avec toutes ses conséquences qui sont : la mise en valeur de la terre, promptement et avec économie ; l'augmentation de la production, en même temps que de la consommation ; la densité du peuplement et, par suite, l'extirpation du banditisme, la disparition des incendies ; finalement, *la défense du territoire.*

Outre la conservation des forêts, je mets en

ligne de compte leur repeuplement. En effet, sauf de rares exceptions, même dans les plus peuplées, on peut compter une moitié de la superficie en broussailles; sans qu'il fut nécessaire de lui en faire une obligation (qu'on lui imposerait, du reste), chaque famille s'empresserait de semer des glands dans les espaces vides et de soigner les jeunes sujets, comme on a fait partout ailleurs qu'en Algérie ; et, dans 20 ans, il n'y aurait plus de broussailles ni de terrains vagues.

Le liège que produit actuellement l'Algérie est, presque en totalité, transporté dans le nord de l'Europe ; et, grâce à des droits protecteurs imposés depuis longtemps, aux bouchons venant de France, l'Allemagne, l'Angleterre, la Suède, la Russie, ont implanté la fabrication des bouchons dans leurs Etats. Les départements de France, qui florissaient autrefois grâce à cette industrie, ont périclité car ils ne peuvent lutter avec les producteurs du nord qui, n'ayant pas de droits à payer sur la matière première, ont pour eux l'avantage des droits imposés par leur pays, aux bouchons ouvrés en France. Les fabricants français ne peuvent même pas acheter notre liège algérien à prix égal, parce qu'ils ont à supporter plus de 30 p. 0/0 de frais de transport et autres accessoires, sur le prix de la matière première. En un mot, MM. les Sénateurs, cette industrie et ce commerce sont entièrement ruinés en France. Vos collègues, ainsi que les députés du Var, des Pyrénées-Orientales, du Lot-et-Garonne etc..., pourront vous fournir des renseignements précis à ce sujet.

Eh bien, ce sont ces familles de fabricants et d'ouvriers bouchonniers, que je voudrais importer dans nos forêts algériennes pour les vivifier et pour y créer, au centre même de la production, l'intéressante industrie et l'important commerce des bouchons, qui, entre autres avantages, faciles à apprécier, attirerait l'indigène et lui procurerait un travail presque toujours fait à la tâche, conformément à ses goûts et à ses aptitudes.

Enfin, l'Etat au lieu de dépenser les millions prévus pour la mise en valeur de ses forêts, millions qui, comme je l'ai demontré ne serviront qu'à leur mise en ruine, l'Etat, dis-je, au lieu d'une dépense, aurait une ressource dans la vente de ces petits lots, ressource qu'il pourrait employer en routes et autres travaux publics urgents, ce qui n'est pas à dédaigner.

J'ai dit que les lots à vendre devraient être de 100 hectares environ, s'ils étaient convenablement peuplés ; et de 2 à 300, s'ils n'étaient que partiellement peuplés ; mais, en aucun cas, ils ne devraient dépasser ce chiffre. Un hectare bien peuplé doit coutenir, en moyenne, 300 arbres bon à être mis en valeur ; mais il y a des hectares qui n'ont qu'un tiers ou une moitié de ce peuplement, d'autres en ont encore moins et même pas du tout. Comme la terre en broussailles est actuellement sans valeur aucune, il serait plus logique de rechercher la valeur d'un lot par le nombre d'arbres qu'il renferme, plutôt que par le nombre d'hectares ; mais étant donné qu'il serait plus difficile de faire un comptage régulier, que d'établir des moyennes de peuplement à l'hectare, j'accepte l'un ou l'autre système, pourvu que l'on adopte trois catégories de lots et trois prix différents : car les compensations qu'il est facile d'établir dans

les grandes superficies, ne pourraient pas se
trouver dans des petits lots, qu'il serait impossible
de diviser, d'une façon équitable, s'il n'y avait
qu'un seul prix, basé sur l'unité de contenance.

Un hectare peuplé de 300 arbres vaut plus, en
effet, que deux hectares peuplés de 100 arbres chacun. La contenance n'étant que le deuxième fac-
teur, ne peut servir de base pour le prix, que si
on établit plusieurs catégories à des prix différents.
Comme conséquence, un lot de 100 hectares, s'il
était bien peuplé, suffirait à une famille, tandis
qu'il lui en faudrait un de 200, si son lot était à
demi peuplé ; et jusqu'à 300 peut-être, avec un
peuplement par trop défectueux.

Lorsque l'abondance de l'eau le permettrait, on
créerait un centre forestier de 20 à 30 feux, dans
les parties les mieux peuplées, avec des lots d'environ 100 hectares pour chaque famille. Partout
ailleurs ce seraient des fermes d'une moyenne de
200 hectares soit groupées en petit hameaux, soit
isolées auprès des clairières et des fontaines. Je ne
parle pas de la salubrité car, en montagne et en
forêt, cette condition essentielle manque rarement. Je ferai observer qu'il n'est pas besoin de
terres de culture : un petit lot de jardin suffirait à
chaque famille qui trouverait en outre, dans les
espaces vides de son lot de forêt, des terrains
bons pour y semer des pommes de terre et y planter de la vigne avec succès.

Reste à rechercher le prix que pourraient payer
ces familles, pour les lots en question.

Je vous ferai grâce, MM. les Sénateurs, des ex-
plications et des chiffres qui m'ont amené, après
une longue expérience, aux conclusions que j'ai

l'honnenr de vous proposer. Si la Commission le jugeait utile, je me tiendrais à ses ordres pour les lui soumettre en détail et pour les débattre, au besoin, avec les services compétents.

Je me bornerai donc à exposer ici la solution que je crois plus pratique dans l'intérêt de l'Etat, dans celui des nouveaux immigrants, et dans celui de la colonisation.

Les lots de la 1re catégorie vaudraient 75 fr. l'hectare (1) ; ceux de la 2me, 55 fr. (2) ; ceux de la 3me catégorie ne vaudraient plus que 35 fr. (3). Comme vous le voyez, Messieurs les Sénateurs, je donne toute la valeur à l'arbre et j'en accorde très peu à la terre, parce qu'elle imposera au colon, pendant 30 ou 40 ans, des sacrifices improductifs par la seule obligation du repeuplement, de la surveillance et de l'entretien.

Le recouvrement du prix devrait se faire en 40 ans et en 4 termes, un chaque 10 ans, correspondant aux périodes des récoltes. Il faut, de toute nécessité, qu'il en soit ainsi ; car il ne s'agit pas ici d'une culture annuelle qui, comme celle des céréales, donne des rendements immédiats ; ni même comme celle de la vigne qui les donne au bout de 5 ou 6 ans.

Pour être *forestier-liègeur*, il faut avoir une grande abnégation et beaucoup aimer les arbres et les

---

(1) Avec une contenance de 100 à 120 hectares et un peuplement moyen de 300 arbres à l'hectare.

(2) Contenance de 120 à 200 hectares, peuplés de 200 arbres chaque en moyenne,

(3) Contenance de 200 à 250 hectares ; peuplement 100 arbres à l'hectare,

enfants ; car ce n'est jamais pour soi qu'on travaille, c'est toujours pour l'avenir, le plus souvent
pour ses petits-fils. Il faut donc tenir compte
qu'en dehors de ses frais d'installation et de mise
en valeur, le forestier-liégeur subit une très longue période d'attente pendant laquelle il doit subvenir aux besoins de sa famille et aux frais d'entretien de la propriété, sans retirer aucun revenu ni
de son capital, ni de son travail.

La 1re récolte, si tout a marché à souhait, ne peut
avoir lieu qu'au bout de 10 ans ; tous les hommes
du métier savent que cette première récolte donne
très peu de liège marchand et que les frais de toute
nature absorbent ce premier revenu ; ce n'est donc
qu'au bout d'une deuxième période de 10 ans,
c'est-à-dire après 20 ans, que l'on obtient des
produits assez rémunérateurs pour couvrir les
frais, mais pas pour amortir le capital.

Il serait donc inutile de prétendre imposer à
notre colon d'autres charges immédiates ; quoiqu'on
ait dit, erronément, sur la valeur des forêts et sur
leur produit ; je défie qu'on trouve un seul colon
qui en achète une parcelle, si on ne lui accorde
pas des facilités.

Le payement devrait donc se faire, conformément
à la logique des faits, tous les 10 ans par 10
annuités à la fois ; et conformément à cette même
logique, l'importance de chaque payement devrait
être graduée, sur la valeur de chaque récolte.
Etant donné que les revenus de la première sont
moindres, le montant du premier payement devrait
être moindre aussi et la somme à payer s'accroître
progressivement, comme la récolte elle-même, à
chaque période ou terme.

Je ne vois aucun inconvénient à ajouter, à un taux modique, à chaque payement, les intérêts de retard pour les neuf annuités d'attente de chaque période ; de la sorte, l'Etat ne souffrirait aucun préjudice du fait de cette facilité exigée par la nature de l'exploitation.

Il est bien entendu que cette facilité entraînerait avec elle l'obligation, pour l'acheteur, de bâtir son logement et de mettre en valeur, au moins la moitié de son lot, dès la première année et de terminer la mise en valeur durant la deuxième année. Cette dépense représente (1) une somme de 10.000 francs. Aucun colon ne devrait donc être accepté, s'il ne pouvait justifier qu'il possède au moins cette somme.

Durant la première période, l'acquéreur devrait compléter les travaux : ouvrir les tranchées périmétriques exigées par la loi, tracer les chemins d'accès et repeupler, par les semis ou par la transplantation, tous les espaces vides et non cultivés.

Cette installation et cette mise en valeur, avec les travaux subséquents, suffiraient à garantir, dès la première année, la valeur totale du prix de vente. Donc le délai de 10 ans accordé pour recouvrer les dix annuités à la fois, ne peut, quoi qu'il arrive, faire courir aucun risque à l'Etat.

Au chapitre « les Forêts » j'ai dit que je donnerais le coût réel de la mise en valeur rationnelle d'une forêt et de ses frais d'exploitation, ainsi que le chiffre de ses revenus probables. Voici l'occasion de tenir cette promesse, en prenant pour base de

(1 Voir l'appendice pour le détail.

mes calculs un lot de ma 2e catégorie, car il représentera la moyenne la plus générale.

Pour ne pas fatiguer votre attention, Messieurs les Sénateurs, et pour ne pas obscurcir ma démonstration par trop de chiffres, je me bornerai à résumer ici ceux qui résultent des calculs consignés et expliqués en détail dans l'appendice que je joins à cette étude et qu'il vous sera loisible de consulter et de contrôler à part (1).

Il résulte des dits calculs, faits pour un lot de 150 hectares, que, dès sa première année d'installation, le colon forestier aura dépensé, intérêts compris . . . . 7.490 fr.
et qu'il lui faudra dépenser durant la deuxième année, pour compléter son installation et la mise en valeur (toujours avec les intérêts capitalisés) 3.520
La deuxième année se clôture donc avec une dépense totale de. . 11.010 fr.
fournis par le colon, soit en argent, soit en travail.

Dans les années suivantes, le *minimum* de la dépense à faire ne s'élève, jusqu'au moment de la récolte, qu'à une moyenne de 950 francs par an, plus les intérêts capitalisés du total des avances.

Pendant cette période de 10 ans, le colon doit s'ingénier pour gagner, chez lui ou ailleurs, par son industrie ou par son travail, de quoi subvenir aux besoins de sa famille. S'il est *liégeur*, comme nous le supposons et, par conséquent, râcleur, viseur, carreur, bouchonnier etc.., le travail ne lui manquera pas dans les forêts particulières déjà en production, (précisément depuis octobre jusqu'en

_____

(1) Voir l'appendice à la fin de la brochure.

février, époque à laquelle il n'a pas de travaux urgents dans son lot),il se procurera facilement des morceaux et des déchets de liège, sans valeur pour d'autres et dont il fera des bouchons à la morte saison ; il fera du bois, du charbon ; tous les méridionaux savent tailler et cultiver la vigne, greffer les oliviers. Bref, il faudra qu'il sue à la peine, ferme et sa vie durant ; toute illusion là dessus serait dangereuse, à moins qu'il ne puisse suppléer au travail par des capitaux, mais alors.... alors, il vaudra mieux qu'il fasse toute autre chose ; et vous direz tous comme moi, Messieurs les Sénateurs, lorsque vous connaîtrez la vérité.

La vérité, la voici : au moment de réaliser sa première récolte, le colon a dépensé, toujours en travail ou en argent (1) un total de (je néglige les centimes), 29.346 francs prix d'achat non compris, pas plus que l'aléa de chômage, d'incendie, de maladie, de vols etc...

Pour 150 hectares, cette dépense équivaut à 195 francs par hectare. C'est à ce prix au moins, que revient, en effet, la mise en valeur *rationnelle* de chaque hectare de forêt si on veut, non pas en assurer la sauvegarde, mais tenter du moins d'y parvenir.

Ce serait une erreur de croire que l'heure de la récolte venue, le colon forestier est au bout de ses peines ; pour faire cette récolte, l'emballer, la transporter etc.., pour atteindre, en un mot, la rentrée des fonds, il lui faut une somme de (voir l'appendice) 5.270 francs qu'il devra se procurer par emprunt, par association ou par toute autre com-

---

(1) Voir le détail à l'appendice.

binaison plus ou moins onéreuse ; car il n'est
guère probable qu'il en ait pu faire l'économie par
son travail. Or, ce fonds de roulement nécessaire
qui lui manque, lui manquera toujours, comme
vous le verrez, jusqu'à la cinquième récolte, c'est-
à-dire jusqu'à la 50me année d'exploitation.

Peut-on introduire des économies dans mon
budget ? Non, bien au contraire ; il est à remarquer que j'ai supposé un débroussaillement partiel de un dixième de la forêt chaque année, mais
que c'est là un travail insuffisant, attendu que,
pour bien faire, il faudrait nettoyer un cinquième
parce qu'après la cinquième année, la broussaille a
déjà acquis beaucoup de vigueur et offre un grand
danger.

Notez aussi qu'une autre raison majeure s'oppo-
serait à diminuer la somme prévue chaque année
pour ce travail ; c'est la nécessité d'occuper des
hommes, l'été, en forêt, pour former les équipes
de surveillance et de secours, dont j'ai parlé ailleurs, et qui sont indispensables pour la préservation et pour la lutte contre l'incendie.

Notez enfin, que je n'ai calculé l'intérêt qu'à 7 %
taux normal en Algérie, quoique je sois bien certain que vous estimerez que, vu l'aléa, il devrait
être calculé à 10 %.

Bref, je maintiens mes chiffres pour des lots
comme ceux que je propose de vendre et j'ajoute
qu'il sont applicables aux grands cantons de 8
à 10.000 hectares des forêts domaniales ; les économies qu'on réaliserait sur les frais d'installation
et sur l'intérêt de l'argent, que l'État se procurerait à moitié prix, seraient largement absorbées
par les frais de matériel, de personnel et de sur-

veillance, car il ne faudrait pas moins d'un bri-
gadier et de cinq ou six gardes, tous montés, pour
surveiller, très imparfaitement, une aussi vaste
exploitation. J'ai calculé qu'il s'établirait, à très
peu de chose près, des compensations qui nous
ramèneraient, comme résultat final, aux mêmes
chiffres

Il n'en est pas de même pour les forêts particulières d'une contenance de 4.000 à 12.000 hectares;
pour celles-là, aux frais de contre-maitre, de gardes, de courrier, s'ajoutent le coût du logement
du gérant ou propriétaire, les frais de son cheval,
certaines dépenses de représentation, telles que
secours aux ouvriers malades, réception des fonctionnaires et autorités de passage, les honoraires
du comptable et du gérant ou les dépenses per-
sonnelles du propriétaire, s'il réside.

En comptant bien, nous trouverions que ces
forêts-là, au moment de la première récolte, coûtent plus de 200 francs par hectare de mise en valeur,
toujours prix d'achat non compris. Je sais bien que
la plupart des propriétaires n'ont pas fait une
aussi forte dépense ; mais j'ai déjà démontré que,
dans l'espèce, toute économie est une ruine. Ils
ont dépensé moins, mais ils ont tout perdu ! L'Algérie et la France ont perdu du même coup une
grande richesse !

Quoiqu'on fasse donc, on arrivera à ce résultat :
qu'il faut dépenser au moins 195 francs par hectare
pour la mise en valeur et la *préservation probable*
d'une forêt, jusqu'au moment de faire la première
récolte ; ou il faut, comme les Arabes, s'en rapporter à la Providence et attendre avec résignation la
ruine et la disparition de cette forêt à bref délai.

Voyons maintenant ce qui se passe à la 10e année, au moment de faire la 1re récolte, correspondant au démasclage de la première année.

Le total déboursé jusque là (1) était de. . . . . , 29.346 fr.

A cette somme, il faut ajouter pour la récolte et autres frais inhérents . 5.270

Total . . . . 34.616 fr.

A déduire le montant de la récolte 16.031

Déficit après la dixième année. . 18.585 fr.

Pendant la onzième année, le paiement à faire à l'Etat, les intérêts et les frais divers, ainsi que la somme nécessaire pour réaliser la récolte de la deuxième moitié du lot, font monter ce chiffre à . . . . 28.847 fr.

A déduire le produit de la récolte de cette seconde moitié du lot, correspondant au démasclage de la deuxième année. 16.031

La première période se liquide donc par un déficit, après la onzième année de . . . . 12.816 fr.

En d'autres termes, la récolte des deux années montant à 32.062 francs, a été absorbée, et au-delà, par les frais, les intérêts et le payement à l'Etat correspondant à la période de onze ans, puisqu'elle clôture avec un déficit équivalent, à peu près, au capital qu'avait exigé la mise en valeur primitive.

Arrivons à la fin de la deuxième période, c'est-

(1) Pour les chiffres qui suivent, voir détail aux tableaux correspondants de l'appendice.

à-dire à la récolte de la moitié du lot, qui doit avoir lieu à la vingtième année. A ce moment, le chiffre des dépenses, y compris les frais néces-saires à cette récolte, atteint . . .   42.278 fr.

A déduire le montant de la dite récolte. 20.000

Reste . . . .   22.278 fr.

Ce chiffre est porté, dans la vingt-unième année, par le payement à l'Etat, les dépenses de l'année, les intérêts et la somme nécessaire à la récolte, à . . . .   34.871 fr.

A déduire la récolte à faire cette année dans la seconde moitié du lot   20.000 fr;

La seconde période ou seconde ré-colte, se clôture donc, après la vingt-unième année, par un déficit de   14.871 fr.

J'abrège, puisque je ne pourrai que répéter ce que vous trouverez en détail dans l'appendice :

La troisième période, malgré les deux récoltes, montant ensemble à 50.000 fr. se liquide après la 31me année par un déficit de . . . . .   12.641 fr. et ce n'est qu'à la fin de la quatrième période avec des récoltes montant à . .   62.500 fr. que nous arrivons, après 41 ans d'exploitation, à amortir tous les paiements, toutes les avances, en liquidant cette dernière période avec un excédent insignifiant de . . . .   798 fr.

Comme vous le voyez, Messieurs les Sénateurs, ce n'est qu'après 41 ans d'exploitation, de privations et de risques que les fils, ou plutôt les petits-fils du premier colon, mort depuis longtemps à la peine, commenceraient à jouir d'une fortune bien

chèrement acquise et, avouez-le, bien méritée.
J'avais donc raison de dire, au début, que, pour
être forestier, il fallait aimer beaucoup les arbres
et beaucoup les petits enfants. On naît forestier,
on le devient rarement, car c'est un long calvaire
à monter ; beaucoup trop long même, si les
circonstances favorables que j'ai à signaler, ne
venaient en adoucir la pente et en rapprocher le
terme.

Comme je veux que ce travail soit aussi cons-
ciencieux, aussi honnête que le sentiment qui le
dicte, il est nécessaire que je l'éclaire des quelques
lueurs d'espoir qui permettront au colon d'entreprendre avec succès une tache paraissant, de
prime abord, au dessus de ses forces.

La moyenne que j'ai adopté de 5 kilos de
rendement par arbre, me paraît devoir être
inférieure à la moyenne des forêts de l'Etat, qui,
comme je l'ai dit, sont les plus belles forêts qui
nous restent. Or, une différence en plus de 1 kilo
par arbre, qui me paraît probable, permettrait,
étant donné que les frais ne seraient pas augmentés,
de tout amortir et d'obtenir même un petit
excédent dès la trente et unième année au lieu de
la quarante et unième. Ainsi de suite, progressivement, en raison de la moyenne du rendement.

Au risque même de faire une digression inopportune, je ne puis résister au désir de vous pré-
senter, comme contraste, le tableau de ce que
donnerait une forêt peuplée des mêmes 200 arbres
à l'hectare, si la moyenne pouvait atteindre 10 kilos,
même avec une dépense de 200 francs par hectare,
pour la mise en valeur.

Pour 150 hectares à 200 fr., inté-
rêts capitalisés à 7 % compris. . .   30.000 fr.

Produit de 30.000 arbres à 10 kilos
pour 150 hectares. . .   3.000 qx

En réduisant de 10 %
pour la mortalité, restent   2.700

Et, sur ce chiffre, 5 %
pour déchets divers . . .   2.565   à 25ᶠ 64.125

A déduire pour tous frais, récolte,
transport, etc., à 7 fr. 50 par quintal,
sur les 3.000 quintaux récoltés   . .   22.500

Il restera un produit net de. . .   41.625
La somme dépensée étant de . .   30.000
Il résultera un bénéfice net, au
bout de *onze ans,* de . . . . . .   11.625 fr.

Avec ces deux tableaux comparatifs, vous
pourrez juger combien j'ai eu raison de dire à
l'article « Forêts » que la mise en valeur, sans
les travaux nécessaires pour garantir la forêts de
l'incendie, était sa mise en ruine ; et que, si
une forêt de gros arbres peut offrir la perspective d'un gros lot à gagner, il est impossible, ou
du moins très onéreux, d'en exploiter une dont
la moyenne de rendement serait de moins de 5
kilos par arbre ; ou bien encore dont le peuplement ne serait pas suffisamment rémunérateur.
Les dépenses d'entretien et de préservation, qui
sont les seules importantes, sont les mêmes
pour un arbre donnant 5 kilos que pour un arbre
qui en donne 10 ; et les mêmes aussi, qu'un
hectare soit peuplé de 50 ou de 200 arbres.

Mais revenons aux avantages propables que
retireraient nos colons *forestiers-liégeurs* de l'opé-

ration, même avec la moyenne de 5 kilos que nous avons adoptée.

Nous avons calculé le prix du liège brut à 25 francs le quintal ; il faut admettre que notre *forestier-liégeur* mettrait à profit ses connaissances techniques pour en tirer un meilleur parti, par deux opérations distinctes qui constituent son industrie : celle de la *préparation* et celle de la *fabrication*, qui l'occuperaient, lui et sa famille, pendant longtemps et sur chacune desquelles il gagnerait, raisonnablement 5 francs net par quintal. Par suite de ces mêmes opérations, il ferait aussi une économie de plus de 50 % sur les frais de transport , d'emballage etc... ce qui fait que, outre sa main-d'œuvre, il donnerait au liège, par son industrie, une augmentation totale d'environ 50 p %, soit un bénéfice net de 12 fr. 50 par quintal, qui pour les 1.350 quintaux de liège récolté à la première période, lui procurerait *un bénéfice industriel* de 16.875 francs.

C'est grâce à ce bénéfice, réalisé dès la onzième année, que l'opération deviendrait avantageuse pour un fabricant ou un ouvrier liégeur, le seul qui puisse l'entreprendre avec certitude du succès.

Ai-je besoin d'insister, Messieurs les Sénateurs, sur les avantages, de tout ordre, que retireraient le Pays et l'Etat de ce mode de colonisation ? Je craindrais de me répéter ; rappelons-les brièvement :

Conservation et reboisement des forêts ; peuplement européen des immenses massifs forestiers qui parsèment de déserts dangereux le littoral conquis à la civilisation ; importantes recettes au profit de l'Etat au lieu des dépenses insuffisantes et inutiles qu'il devrait faire ; main d'œuvre spéciale qui attirerait l'indigène, parce qu'elle est adaptée à ses mœurs, à son goût et qui en ferait un utile ouvrier au lieu d'un bandit probable ; accroissement de la richesse publique ; meilleure défense du territoire ; introduction, dans la colonie, d'une importante industrie qui se meurt en France et qui serait prospère ici, où l'ouvrier consommateur produirait lui-même sa matière première.

J'aurai beaucoup à dire encore, pour répondre d'avance à toutes les observations qui pourront m'être faites et que je prévois, mais ce serait sortir du cadre restreint de cette Etude. J'ajouterai un seul mot : je suis prêt à accepter toute objection et j'espère pouvoir y répondre victorieusement.

LA BANQUE DE L'ALGÉRIE

LE CRÉDIT AGRICOLE

LES COMPTOIRS D'ESCOMPTE

L'USURE

─·─

Vous connaissez, Messieurs les Sénateurs, les reproches que l'on adresse à la Banque de l'Algérie.

Elle ne fut créée que pour escompter le papier de commerce et son portefeuille regorge de valeurs agricoles.

Le montant des billets en circulation, ajouté au débit de ses comptes courants, dépasse le numéraire en caisse.

Ayant trop largement distribué le crédit, elle a provoqué une crise dans laquelle beaucoup de colons ont sombré.

Elle a profité de ces désastres en s'emparant des biens des victimes.

Une grande partie de son capital se trouve ainsi engagé dans une opération immobilière, etc. etc.

N'étant pas homme de loi, je ne puis disserter sur ces questions au point de vue juridique ; mais il m'est permis de les examiner avec le gros bon sens d'un Colon.

Je dirai, tout d'abord, que si la Banque de l'Algérie avait violé ses statuts, la responsabilité

atteindrait les délégués du Gouvernsment chargés
de veiller à leur observation et les Pouvoirs Publics
eux-mêmes ; car enfin tout s'est passé au grand
jour et nul n'a pu l'ignorer ; l'Administration
Algérienne et le Gouvernemeut moins que personne. D'où je conclus raisonnablement que les errements de la Banque de l'Algérie ont été consentis,
approuvés, voulus même, par tout le monde.

Je plains vivement les malheureux qui ont suc-
combé dans la lutte ; mais en examinant de près
la question, je constate que, sauf peut-être quelque exception que je ne connais pas, les colons
dont il s'agit n'étaient pas des agriculteurs dans
la véritable acception du mot : j'y vois l'épicier, le
magistrat, le maquignon, le fils de famille, le
cafetier, le publiciste, le marchand de meubles, le
cordonnier, l'entrepreneur, le propriétaire urbain,
etc... improvisés tous agriculteurs ; mais, l'agri-
culteur, point.

Notez bien que je ne les blâme pas d'avoir
partagé l'engouement général ; en suivant le courant, ils avaient cédé à la force des choses, comme les prêteurs eux-mêmes en leur facilitant les
fonds. Oui, je plains ces malheureux qui ont
perdu les uns leur pécule, les autres leur temps ;
mais je constate que presque tous les insuccès
retombent sur des gens qui, ne connaissant pas la
culture ont fort mal géré leurs exploitations ou
sur ceux qui, grisés par des espérances de fortune
prochaine, se livrèrent à des dépenses person-
nelles bien supérieures à leurs ressources.

Personne n'avait pu prévoir, en effet, les cala-
mités qui se sont abattues coup sur coup sur
l'Algérie : la sécheresse, le phylloxéra, les incendies,

le mildiew, les sauterelles, les vins d'Espagne et certaines fautes de l'administration, ont renouvelé ici la légende des sept vaches maigres de l'Egypte.

Peu de récolte, beaucoup de frais et mévente des produits, voilà les seuls, les vrais coupables de toutes les ruines. Le crédit devait nécessairement avoir une limite ; une sélection s'est faite tout naturellement et il n'y a pas, que je sache, de colon ayant pu prouver qu'il arriverait par son activité, son travail, son économie, sa tenue correcte à dominer sa gêne et à tenir ses engagements dans un avenir meilleur, qui n'était encouragé et soutenu par la Banque de l'Algérie.

Si pénible que soit le malheur ou la ruine de quelques colons, il est incontestable que ce qui est créé restera et que la richesse publique et la prospérité de la colonie, dans son ensemble, se trouvent augmentées d'autant. Les hommes passent ; mais les champs défrichés, les fermes bâties, les vignes plantées, les forêts exploitées, l'outillage créé, tout cela reste ; et ce tout cela : *c'est la nouvelle France !*

Si, parmi les vaincus se trouvent quelques victimes intéressantes, cela n'a rien de surprenant ; ce qui doit nous surprendre, c'est qu'elles ne soient pas plus nombreuses. Que serait-il advenu, si au lieu d'un homme bienveillant et pondéré, connaissant et aimant l'Algérie, comme la connait et l'aime M. Nelson-Chiérico, on nous eut envoyé, au moment où s'ouvrait la crise, un homme routinier, voir même un grand financier imbu des principes de la Banque de France ou des trésoreries administratives ?

Si, au lieu d'une élasticité relative, la colonie s'était trouvée en présence de la rigidité statutaire, ce n'est pas quelques ruines quil faudrait enregistrer, c'eut été la liquidation générale.

La création de la Banque de l'Algérie, pour l'escompte du papier commercial, fut une conception inopportune car ce papier n'existait pas alors et ne pouvait exister de longtemps.

Tout le papier de commerce consistait en traites des fournisseurs de France envoyées par des banquiers de France à l'encaissement ; or, comme il n'y avait pas d'exportation de marchandises pour établir la balance, les retours en couverture n'auraient pu se faire qu'en numéraire si le Gouvernement, pour obvier aux impossibilités d'un pareil système, n'avait autorisé les trésoriers d'Algérie à délivrer des traites sur le Trésor de France. Cette opération, soit dit en passant, explique le découvert de la Banque de l'Algérie avec le Trésor, découvert qui disparaîtra dès que quelques bonnes récoltes auront permis d'établir la balance.

Donc, le seul papier d'escompte qui ait circulé en Algérie, jusqu'à ces temps derniers, ce sont des billets souscrits aux colons par d'autres colons pour des besoins agricoles, à des marchands de meubles, de matériaux de construction, d'outils de culture et de provisions de bouche, pour solder leurs fournitures.

Point n'est besoin d'être grand clerc pour comprendre que pendant la période de création, d'outillage, c'était là le seul commerce possible et, qu'aujourd'hui encore, il n'y a pas en Algérie d'autre industrie ni d'autre commerce que ceux qui relèvent de l'agriculture.

Que pouvait faire la Banque, sinon escompter le seul papier existant, les valeurs des colons ? Et voilà comment cet Etablissement, dès sa naissance, se trouva fatalement enchaîné au sort des colons ; comment il devint, de fait, une Banque agricole.

Il n'en pouvait pas être autrement.

La colonie progressa, l'outillage augmenta, de nouveaux besoins surgirent et, avec eux, surgirent aussi des soi-disant banquiers, sans fortune personnelle qui réescomptaient à la Banque à 5 % le papier pour lequel ils prélevaient aux malheureux colons de 12 à 20 %.

Tous les premiers colons furent victimes de cette usure.

La signature si onéreuse de ces intermédiaires, ne rendait pas plus commercial le papier qui n'était toujours que *du papier agricole*.

A défaut d'une loi sur l'usure, la Banque sentit la nécessité de faire quelque effort, pour arracher la colonie des griffe des usuriers : elle élargit le crédit, aida à la création des Comptoirs, augmenta le nombre de ses correspondants en leur imposant un taux d'escompte qui ne devait pas dépasser 7 0/0. C'était là un grand pas fait vers l'émancipation du colon, c'était un grand coup porté à l'usure ; c'était la diffusion du crédit mis à la portée de tous les hommes honnêtes et laborieux.

Juste à cette époque, le phylloxéra avait détruit le vignoble français, les vins se vendaient cher, quelques plantations de vigne avaient donné des résultats merveilleux ; les professeurs d'agriculture *envoyés par le Ministre* en Algérie, exaltaient les esprits et promettaient, pour la vigne, un revenu net de 1.000 francs l'hectare : ce fut un élan universel et chacun se mit, avec courage, à défricher, à planter, à bâtir.

La Banque partagea sans doute et l'Administration algérienne aussi, les espérances de la colonie entière. Les Comptoirs d'escompte, les correspondants de la Banque, tous les intermédiaires, dépassant le but, usèrent largement du crédit qu'ils répandirent trop facilement peut-être ; les colons grisés, à leur tour, d'espérances paraissant fondées, usèrent de ce crédit imprudemment dans leur fièvre d'enfantement, pour des entreprises au-dessus de leurs forces. Et puis... voilà... au lieu des sept vaches grasses promises, ce furent les sept vaches maigres qui survinrent, et la réaction commença avant même que l'outillage fut complété.

La France, pas plus que l'Algérie, ne saurait faire un crime à notre Banque, d'avoir eu foi dans l'avenir de la colonie ; elle a fait plus pour la colonisation, en développant son essor, que n'à fait l'Administration avec tous les millions fournis par la Métropole; et s'il résultait prouvé, en fin de compte, qu'il y a quelques millions perdus, il est facile de constater qu'il y a plusieurs milliards de gagnés pour la richesse publique. La Banque doit être fière de son œuvre et n'a pas à s'en cacher ni à s'en excuser ; il faut lui savoir gré de ne pas s'en être tenue à la lettre de ses statuts conçus dans un esprit absolument impraticable.

Si elle est coupable, revendiquons tous, l'honneur de partager sa culpabilité : les colons et les agriculteurs d'abord, l'Administration algérienne et le Gouvernement lui-même qui n'a pas pu ignorer tout ce qui s'est fait.

La Banque de l'Algérie ne peut, en aucune façon, être assimilée à la Banque de France ; celle-ci fait des avances à une fortune solidement assise, amoncelée par les siècles passés ; celle-là fait crédit au siecle futur, au colon, qui n'offre guère d'autre garantie que son travail et sa moralité ; la troisième signature qui garantit la Banque de France de tout risque, parce que c'est celle d'un vrai banquier, n'éxiste pas pour la Banque de l'Algérie.

Le papier vraiment commercial ne commence à circuler que depuis que l'extention donnée aux exploitations et à l'élevage, grâce à la Banque, a établi un courant d'affaires important par l'exportation de nos produits ; et le plus souvent, c'est encore le colon lui-même qui exporte et qui fait traite sur son acheteur.

Non, ce n'était pas une Banque commerciale : c'était une Banque Agricole qu'il fallait et qu'il faut encore à l'Algérie ; ce n'est pas par des statuts que l'on peut changer le cours des événements et l'essence des choses.

On fait un grief à la Banque d'avoir acquis des propriétés; il y a lieu de supposer qu'elle ne la fait qu'à son corps défendant, pour ne pas aggraver la situation des débiteurs et ne pas écraser le marché par des ventes déjà trop nombreuses.

Je n'ai pas plus à défendre la Banque de l'Algérie au point de vue technique qu'au point de vue juridique : cela n'est pas de ma compétence, mais je puis en ma qualité de propriétaire, apprécier la valeur des immeubles qu'elle détient et qu'elle a considérablement améliorés.

D'autre part, il me serait bien difficile d'admettre, que les pertes prévues et les risques de son portefeuille ne fussent pas largement couvert par ses quinze millions de réserves.

Ce qu'il m'est permis de discerner aussi, c'est qu'il serait impossible, sans disloquer la Colonie entière, de remplacer la Banque de l'Algérie par un autre Établissement financier. Cette Banque et la Colonie sont nées ensemble; elles se sont assimilées et se trouvent liées, pour l'avenir, par leur passé qui a créé des intérêts communs.

Que l'on nous fasse grâce de nouvelles expériences qui, chaque fois, retardent ou paralysent la marche en avant : améliorez si c'est nécessaire, si faire se peut ; mais ne démolissez pas ce qui existe sous prétexte de faire mieux. Du reste ce qui existe, c'est-à-dire la Banque de l'Algérie, vous a donné, car c'est elle, n'en doutez pas, cette seconde France que vous aimerez mieux quand vous la connaitrez davantage.

Si, en réalité, ses statuts lui défendent les prêts à l'Agriculture, ce n'est pas la Banque qu'il faut changer ; ce sont ses statuts en y introduisant les modifications nécessaires pour qu'elle puisse continuer d'être une Banque Agricole en même temps que commerciale ; car il n'y a pas à s'y tromper: en Algérie tout vient de l'Agriculture et tout va à l'Agriculture, M. Burdeau (1) constate et prouve

_____

(1) page 7 de son rapport.

que « c'est du sol que l'Algérie tire toute sa richesse. »

Les Comptoirs d'Escompte, je l'ai déjà dit, dépassèrent le but, emportés par le courant général; mais l'expérience les a assagis ; ils se ressaisissent et malgré leurs erreurs, ils ont rendus et rendent les plus grands services tout en réparant les fautes du passé. L'apprentissage du crédit est fait, l'expérience acquise est un capital qui portera ses fruits. Il faut multiplier et répandre ces utiles établissements qui, escomptant à un taux fixé d'avance et relativement modéré, mettent le crédit à la portée des colons honnêtes et laborieux et combattent l'usure ; supprimez les Comptoirs et les banquiers interlopes les remplaceront immédiatement et feront de nouveau, au colon ou à l'indigène, des avance à 12, 15, 20 %, suivant le cas ou le besoin.

Il ne faut pas toutefois, Messieurs les Sénateurs, que les Comptoirs d'Escompte puissent servir de pourvoyeurs de fonds aux usuriers. L'expérience a prouvé que ce qui a surtout ruiné le cultivateur, colon ou indigène, c'est l'intervention des intermédiaires. Les avances faites directement par la Banque ou par les Comptoirs aux Agriculteurs n'ont offert aucune gravité ; c'est le papier réescompté aux intermédiaires qui, la crise venue, a produit les désastres ; et les pertes, si pertes il y a, n'auront pas d'autre cause.

Que les banquiers, ou escompteurs de tout ordre, travaillant avec leurs capitaux, leur fassent produire un taux usuraire, rien de plus juste, puisque, d'une part la loi les autorise, et que, d'autre part, ils courent seuls tous les risques ; mais il ne me parait ni honnête, ni prudent, de leur permettre de se livrer à cette opération avec des capitaux provenant de la Banque ou des Comptoirs et qu'ils se procurent par le réescompte.

Ne fut-ce que pour éviter cette écueil, la multiplicité des Comptoirs s'impose, afin d'obtenir la diffusion du *crédit direct* à bon marché pour les honnêtes travailleurs.

Les Comptoirs d'Escompte, bien organisés, peuvent et doivent devenir un véritable Crédit mutuel entre les personnes laborieuses de chaque région. Je n'insisterai pas d'avantage, car la Banque de l'Algérie sait bien, par l'expérience acquise, l'organisation qui convient le mieux aux dits Etablissements.

Il me reste à vous dépeindre, Messieurs les Sénateurs, la misérable situation de l'indigène au point de vue du crédit. J'ai déjà dit ailleurs qu'il vend son grain à bas prix, pressé par la nécessité d'acheter des bœufs de labour, et que, les labours finis, il vend ses bœufs exténués, à vil prix, pressé par le besoin de racheter du grain.

La généralité des arabes se livrant aux mêmes époques à la même opération, il en résulte nécessairement, suivant les lois de l'offre et de la demande, une baisse et une hausse alternatives sur ces deux produits.

Un exemple vous exposera le résultat de cette opération qui, à première vue, ne parait pas bien grave:

Je serai très modéré dans mon calcul :

Deux bœufs qui, achetés en temps normal, n'auraient coûté que 200 francs coûtent 220 francs ; perte . . . . 20 fr.

Pour réaliser les 220 francs nécessaires, il faut vendre 10 quintaux de blé avec 2 francs de baisse; perte . . . . 20 fr.

Après les semailles, les bœufs fatigués, amaigris, ne se vendent que 180 francs ; perte . . . , ... 40 fr.

Rachat de 18 charges de blé avec 2 francs de hausse ; perte . . . . . . 20 fr.

Total des pertes 100 fr.

sans compter le temps perdu, les transports et les risques.

L'indigène a donc payé 50 % pour se procurer 200 francs qui lui étaient nécessaires vers la fin de Septembre et qu'il aurait pu rembourser quatre mois après, vers la fin de janvier c'est-à-dire qu'il a payé à raison de 150 % l'an.

Lorsque l'Arabe a la terre et qu'il manque de grain de semence, il emprunte la quantité qui lui est nécessaire avec l'obligation de rendre à la récolte, deux charges pour chaque charge reçue du prêteur ; c'est encore du 100 %.

Quand il peut, l'Arabe achète toujours à crédit, sans s'inquiéter du prix ou du taux; des Mozabites, des Juifs, des Kabyles même, lui fournissent les étoffes, les tapis, les burnous, payables à la récolte (6 mois de terme, au plus). J'ai pu constater maintes fois, une différence de 50 % entre le prix de ces achats, et celui des même articles payés comptant ; c'est toujours 100 % par an de perte pour l'indigène, perte à laquelle il convient d'ajouter celle qu'il fera sur la vente de son grain ou de son bétail, lorsque son inexorable créancier lui rappellera, par huissier, l'échéance à laquelle il n'avait jamais songé jusque-là.

L'indigène se procure fréquemment une somme qui lui est nécessaire en donnant tout ou partie de son bien à *Ranhia* (antichrèse) : mais le prêteur ne lui avance qu'une somme dérisoire de 300 francs par exemple, pour une *Djbda* qui fait vivre une famille, (10 à 12 hectares cultivables). Comme les 300 francs sont rarement rendus, le prêteur jouit de la terre en véritable propriétaire, ou la loue couramment pour le prix de 300 francs l'an.

C'est un beau placement pour le prêteur, mais pour l'emprunteur, c'est la ruine.

Je pourrais multiplier les exemples si ceux qui précèdent ne suffisaient pas pour démontrer que l'usure se reproduit en toute occasion et sons toute les formes, sous divers noms et qu'elle enserre l'indigène et l'étreint comme dans un filet. Il n'en pourra rompre les mailles que par le travail, qui le rendra indépendant, en lui permettant de suffire à ses besoins, sans recourir aux emprunts ni à un crédit ruineux.

Mais en attendant qu'il devienne travailleur, car de gré ou de force il le deviendra, il faut qu'il puisse trouver du crédit à bon marché dans les Comptoirs, que j'appellerai Agricoles. J'entends limiter ce crédit à des besoins urgents et à des dépenses reproductives telles que l'achat de bêtes et de grains pour les semailles. Une avance de 500 francs *bien employée*, à ce moment-là créerait l'abondance et le bien-être ; les bœufs seraient revendus à un prix rémunérateur après avoir repris de l'embompoint par le repos et le pacage ; la récolte rentrerait presque intégralement dans la tente.

Que faut-il pour que l'indigène puisse obtenir ce petit crédit temporaire ? Il faut qu'il ait un actif, un bien lui appartenant personnellement et qui puisse, au besoin, si la garantie morale ne paraissait pas suffisante, constituer une garantie réelle.

Vous le voyez, Messieurs les Sénateurs, quelque sentier que nous prenions dans ce labyrinthe appelé « la question algérienne », ils nous conduisent tous à la même, à la seule issue : la constitution de la propriété indigène et la nécessité d'assimiler l'indigène par le travail.

Laissez-moi ajouter, pour compléter ma pensée, et à titre de renseignement, que le crédit fait au travail et remboursable par le travail, serait un des plus puissants moyens d'y contraindre et d'y habituer l'indigène. C'est en l'employant que j'ai pu obtenir des démascleurs, des racleurs, des débrousailleurs, des muletiers pour les besoins de mes exploitations forestières, voire même des piocheurs pour mes vignes et des ouvriers pour mes caves ; je parle d'ouvriers arabes, car on fait des Kabyles tout ce qu'on veut, sans difficulté.

Je dois signaler, en passant, les bienfaits que retirera l'indigène des caisses de prévoyance organisées dans les communes mixtes dans un but de crédit mutuel ; c'est un grand pas de fait pour éviter le retour des années de disette, pour protéger l'indigène contre un malheur imprévu, contre la faim, et, à ce titre, on ne saurait trop insister pour que le Parlement se hâte d'étudier le projet de loi qui est déposé depuis plus de deux ans, concernant ces sociétés ; mais je ne pense pas que ce crédit mutuel puisse, pour le moment du moins, arracher l'indigène des mains des usuriers dans les mille transactions dont je viens de donner quelques spécimens ; le fonds de réserve serait vite épuisé, car les besoins de crédit que j'ai signalés sont trop complexes et revêtent un caractère trop fréquent et trop général.

Tout en rendant à l'institution des Caisses de prévoyance, l'hommage qu'elle mérite, je crois qu'il serait dangereux d'enfourcher ce dada et d'espérer qu'il apportera un grand remède à l'usure ; le remède ne s'appliquera qu'aux cas de nécessité absolue, tandis que l'usure est quotidienne, elle naît et s'alimente de chaque transaction. Il faut donc que le remède soit quotidien pour ainsi dire et applicable aussi à chaque transaction. Je n'en vois pas de meilleur que le crédit restreint, mérité; mais direct et à bon marché.

IMPOTS

CHARGES QUI PÈSENT SUR LES COLONS ALGÉRIENS

———

M. Burdeau, l'honorable rapporteur de notre budget, nous promène complaisamment à travers les sentiers fleuris de ce nouvel Eden qui a nom *Algérie,* dont il étale à nos yeux ébahis les admirables merveilles, avec une aisance, avec un art enviables.

Il rend justice à nos efforts, à notre énergie, à nos succès; tout est beau, tout est grand, tout est prospère, dans ce pays méconnu jusqu'ici et dont on a tant médit l'an passé...

« Ce sac enfariné ne me dit rien qui vaille »... En effet, ce sac enfariné tombe à l'improviste sur les badauds Algériens et les écrase sous le poids d'impôts nouveaux.

« Dans la vie d'une colonie, a dit le Rapporteur,
» ce n'est pas au moment qu'elle commence à
» prospérer qu'il est sage d'arrêter l'accroissement
» des dépenses publiques... » et ailleurs : « Les
» besoins de l'Algérie sont incontestables ; il lui
» faut des ressources nouvelles pour entretenir,
» améliorer, compléter son outillage... »

C'est parler d'or; mais ce qui est vrai pour la colonie , est tous aussi vrai pour le colon et M. Burdeau reconnaitra, je pense, que les besoins du colon grandissent aussi en proportion de la be-

sogne certainement trop lourde qu'il s'est taillée ; de la part, trop grande pour ses forces, qu'il a prise à cette rapide prospérité constatée dans le rapport.

Si, poussé par sa dévorante activité, par son ardent patriotisme, par son ambition ou par son génie créateur, le colon, plus confiant qu'avisé, s'est attelé courageusement au char de la Richesse publique, pour lui faire franchir d'un bond prodigieux l'espace et le temps tel que cela résulte des séduisants tableaux statistiques de M. Burdeau, ce n'est pas une raison pour lui imposer une surcharge en route ; non, ce n'est pas parce qu'il a déjà fait un trop grand effort, qu'il faut lui en exiger un plus grand encore !

« L'Algérie est adulte, nous dit le Rapporteur, il est temps qu'elle complète elle-même son outillage et qu'elle s'habitue à ne plus compter sur nos subventions. » Comment ! il reconnait que nous manquons encore de tout (1) de routes, de chemin de fer, d'eau, de ports, de recettes postales et de facteurs ruraux, de gardes forestiers, de gendarmes, de main-d'œuvre utile ou économique, de terres de colonisation, de *sécurité* ; que nous avons le phylloxéra, les sauterelles ; que nous manquons d'écoles ; que les transports par chemin de fer imposent un surcroit de frais de 31 % aux voyageurs et de 104 % aux marchandises ; que nous n'avons pas d'industries et que nous recevons tout de France, avec une majoration de prix résultant du fret, du risque, de l'assurance, du

(1) Voir le Rapport pages 45, 43, 52, 70, 73, 67, 87, 80, 84, 46, 55, 92, 48, 17, 49, 34, 24, 32...

transport, du change etc...; que nos vignes ne sont pas en complète production ; que nos forêts ne sont pas exploitées ; que nous n'avons pas de marine marchande ' t que nous fournissons aux navires à vapeur de la France la moitié de leur frêt ; que nous sommes ruinés par l'usure, par la *Béchéra* et par les vols ; que nos propriétés bâties et nos biens fonciers sont grevés de 40 % d'hypothèques (1); que nous commençons à peine à payer notre dette de premier établissement ! etc...

Il reconnait que « derrière chaque propriétaire se dissimulent un ou plusieurs co-propriétaires, lisez prêteurs, destinés le plus souvent à le déposséder ; que les murs des villes d'Algérie sont sans cesse couverts d'affiches qui annoncent des ventes judiciaires d'immeubles, att tant que les ruines et les malheurs sont communs en Algérie ; que le respect des indigènes pour la vie et les biens des Européens a diminué de moitié dans les six dernières années (2). »

Et il appelle cela une colonie adulte, devant et pouvant supporter de nouveaux impôts?

Non, cela n'est pas logique ; et il me sera facile de le démontrer.

Indubitablement, l'Algérie a fait les progrès que constate M. Burdeau et ces progrès sont d'un bon augure pour son avenir qui, désormais, paraît assuré ; mais il est tout aussi indubitable, que ces progrès sont dus à un élan qui a épuisé ses forces

---

(1) Il pourrait dire avec plus d'exactitude de 80 0/0 aujourd'hui.

(2) Voir le Rapport page 86.

et qu'elle a besoin de quelques années de repos et
de bonnes récoltes pour se remettre sur pied.

Nous avons tous monté courageusement à
l'assaut : beaucoup sont morts en route, beaucoup
d'autres sont gravement blessés et gisent pantelants
au pied des rempart conquis ; fort peu ont atteint
le faîte pour y planter le drapeau triomphal : il
faut à tous ces combattants un armistice ; il faut
leur donner le temps d'enterrer les morts, de
soigner les blessés ; les plus heureux, les indemnes
même, ont besoin de se reconnaître, de se compter,
de reprendre haleine ; mais M. Burdeau sonne la
charge et, nous sachant exténués, blessés,
impuissants, lance contre nous un nouvel ennemi:
le Fisc avec son frais bataillon de nouveaux fonctionnaires, avec son cortège d'impôts directs et
indirects, avec ses exactions, ses exigences et ses
vexations.

Mais, raisonnons froidement : on croit de bonne
foi, en France, que l'Algérie se trouve allégée et
M. Burdeau cite avec complaisance les impôts dont
elle est exemptée ; mais il se garde de mettre en
parallèle les charges dont elle est accablée et qui
sont inconnues de la Métropole ; cependant, c'est
dans son propre rapport que je vais les relever tout
à l'heure, d'où je conclus qu'il a voulu les laisser
dans l'ombre pour ne pas nuire au succès de sa
thèse ; il a fait comme tous les bons avocats d'une
mauvaise cause ; et il s'est taillé, avec beaucoup
plus d'esprit que de justice, un brillant succès à
nos dépens. M. Burdeau, l'ami de l'Algérie, lui a
jeté le pavé de la fable.

Je vais d'abord vous indiquer, Messieurs les
Sénateurs, quelques unes des charges qui écrasent

les colons algériens, que je ne trouve pas consignées dans le rapport de M. Burdeau et qui font que le contribuable, quoique plus allégé d'impôts, est beaucoup plus surchargé ici qu'en France.

Mais auparavant, il est nécessaire d'établir une distinction entre le colon des villes, à peu près le seul que visite, qu'étudie et que connaît le voyageur; et le colon plus nombreux des campagnes, le travailleur, le vivificateur du sol, l'*Ane* de Victor Hugo ; celui qui, précisément, fait vivre son confrère des villes, où résident ses fournisseurs, ses prêteurs, les acheteurs de ses produits, les percepteurs, receveurs et autres fonctionnaires chargés de le tondre; les avocats, les pharmaciens, les docteurs, les notaires, les huissiers ; tous ceux, enfin, qui vivent de lui à un titre quelconque. Tous ces métiers sont honorables et nécessaires, sans doute ; je n'en dis pas de mal ; mais je ne veux pas que l'on continue à confondre le sort de ces colons là, avec celui du colon des champs qui, souvent, n'a pour abri qu'un gourbi dans lequel il grelotte de fièvre ; placé en sentinelle perdue au milieu des indigènes qui le volent et le rançonnent à merci, quand ils ne l'assassinent pas; loin de tout secours : le prêtre et l'instituteur sont au plus proche village, à 10 ou 15 kilomètres ; la gendarmerie, la justice, encore plus loin ; le médecin, plus loin encore ; de sage-femme, de vétérinaire, point ; pour ferrer une bête, réparer une charrue, il faut faire 20 kilomètres et perdre une journée d'homme et de mulet ; le courrier, il faut l'aller chercher avec le pain pour toute la semaine ; les provisions arrivent à dos de mulet, quand elles peuvent passer les gués, ayant subi de notables prélèvements on route ; leur prix de revient est exhorbitant par suite des bénéfices réalisés par les intermédiaires indispensables. Calculez, Messieurs les Sénateurs, ce que coûte à ce malheureux la misérable bicoque qu'il fait bâtir pour y nicher sa famille : tous les matériaux viennent de France ; et, du littoral chez lui, il y a rarement une route, jamais de roulage régulier. Additionnez les sacs de chaux mouillés, les tuiles cassées au cours du transport ; les maçons qu'on paie 6 francs en ville et qui lui exigent 10 francs pour travailler à l'intérieur et vous constaterez, avec quelque surprise peut être, que sa construction, bâtie par de mauvais maçons, avec de mauvais matériaux, lui coûte exactement le double de ce qu'elle aurait coûté dans une des belles villes du littoral. Et on a eu le triste courage d'imposer cette maison avant que le propriétaire en ait pu payer le coût à ses fournisseurs.

Si du malheureux colon vous voulez passer à l'examen d'une exploitation importante, vous constaterez que dans les trois grandes exploitations forestières que j'ai gérées, il a été dépensé, en *strict nécessaire*, environ 100.000 francs dans chacune d'elles, en constructions indispensables qui ne rapportent rien, trop heureux de trouver, en leur donnant le logement gratuit, un personnel et des ouvriers qui consentent à venir s'y enterrer. Ces constructions rapporteraient, en ville, 4, 5 ou 6 % peut-être ; ces centaines de mille francs qu'elles coûtent, absorbent un gros intérêt, causent une perte réelle ; cependant, elles sont imposées pour un revenu qu'elles ne donneront.

pas de longtemps encore, même au point de vue de l'ensemble de l'exploitation.

M. Burdeau n'a pas fait non plus le compte de ce que coûte à chaque colon la maladie, dans ces campagnes, où les pluies incessantes d'hiver lui moisissent la moëlle ; où le soleil d'été fait bouillir son cerveau ; il aurait dû nous dire à combien s'élève cet impôt, prélevé par le climat, sur les journées de travail, sur la santé, sur la vie.

Permettez-moi, Messieurs les Sénateurs, de vous faire un aveu : nous sommes tous un peu Tarasconnais ou Gascons en Algérie (mes concitoyens me pardonneront de vous dévoiler ainsi leur qualité maîtresse). Notre ciel d'azur nous fait voir tout azuré ; les rayons de notre soleil dorent toutes nos espérances ; le vraisemblable est vrai pour nous ; nous prenons nos désirs pour des réalités ; le mot *impossible*, ici n'est pas français ; et puis l'avouerai-je encore ? nous avons pris quelque chose à l'arabe de son clinquant, de sa *fantasia*, de sa fastueuse hospitalité.

Lorsque nous recevons un visiteur, nous sommes heureux et fiers de notre œuvre ; nous lui montrons nos progrès ; tout ce que nous avons fait et tout ce que nous voulons faire encore ; nous lui faisons voir nos greniers et nos caves pleines ; nous lui estimons notre richesse ; cela c'est nous qui l'avons fait ; et puis, ceci encore ; c'est tout à nous ! Nous lui faisons admirer nos beaux palais, nos belles routes, nos cités, nos quais encombrés ; et notre hôte, heureux de notre bonheur, presque aussi fier que nous de nos succès, ne voyant l'Algérie que dans ce qu'elle a d'admirable, n'en goûtant que les fruits savoureux, souvent la regardant miroiter au fond d'une coupe de Champagne, retourne en France pour y chanter les louanges de l'Algérie, de ce pays de cocagne si riche, si prospère, si florissant, où les gens sont si heureux, où le bien-être déborde de tous cotés, où l'on fait si bonne chère, où la vie est si douce et où l'on se croirait vraiment en France, si ce n'était que l'Algérie ne paie pas assez d'impôts !

Mais nous avions négligé de montrer à notre hôte le certificat des inscriptions hypothécaires qui, dans sa sobre éloquence, lui en aurait appris plus long que notre verbiage. Nous ne lui avions pas dit que nos créations incomplètes ne rapportaient pas encore de quoi couvrir les intérêts de nos emprunts. Il ne savait pas que nous ne vendions pas nos vins ; que nos quais étaient encombrés par manque d'acheteurs ; il n'a pas vu le cultivateur, aux prises avec la maladie et avec la misère ; nous ne lui avons pas montré nos hôpitaux regorgeant de malades ; il n'avait pas visité les villages dépeuplés après avoir dévoré trois générations de colons ; ni nos forêts désertes, ravagées par l'incendie.

Notre hôte n'a pas connu nos ruines.

Voilà, Messieurs les Sénateurs, le mot de l'énigme.

Et maintenant, permettez-moi de réfuter M. Burdeau par M. Burdeau lui-même et de vous prouver, *par ses propres chiffres, par sa propre logique*, qu'en se trompant, il a trompé la France.

M. le Gouverneur général apportait à la tribune du Sénat (séance du 27 février 1891) des calculs établissant que les Européens payaient en Algérie 105 fr. 10 par tête ; et M. Burdeau, qui conteste ces chiffres s'écrie : « Ce serait presque autant que les

Français qui payent 120 fr. » Refaisant à sa manière les calculs du Gouverneur général, il conclut qu'au lieu de 105 fr. 10 la quote part de chaque Européen tombe à 75 fr.

Je ne veux pas chicaner M. Burdeau sur ses chiffres et je préfère, avec tant d'autres, y croire que d'y aller voir. J'accepte donc ses données de 120 fr. par tête pour les Français en France, contre 75 pour les Européens, en Algérie ; mais, si je ne suis pas un statisticien, je suis un logicien et je trouverai dans M. Burdeau de quoi prouver que nous payons beaucoup plus de ces 45 fr. par tête qui nous manqueraient, d'après lui, pour supporter une charge égale à celle des Français.

D'un tableau qu'il nous donne (1), il résulte que de 1880 à 1889 (10 ans) la moyenne des importations a été de 281 millions 280.000 francs par an ; comme je ne vois pas trop ce que peuvent consommer les Indigènes de ce qui nous vient d'Europe, je dois admettre que ces importations ont servi à peu près exclusivement à l'élément Européen (2).

On ne me taxera pas d'exagération si j'estime que toutes ces importations sont parvenues, au consommateur algérien, avec une majoration de prix de 20 % justifiée par la nécessité d'intermédiaires, par les transports par chemin de fer, par mer et à dos de mulet, par la perte sur le change, etc., ce qui, pour les 281,280.000 fr., nous

----

(1) page 18 de son rapport.

(2) Dans son rapport page 31, M. Burdeau constate que la France nous fournit, à elle seule, deux cents millions de marchandises par an.

donne une surtaxe de 56 millions 256.000 fr. que
ne paye pas le Français en France et qui, divisé
par le nombre d'Européens, soit 500.000 (chiffres
ronds) nous donne une moyenne, par tête et par
an, de 112 fr. 50.

J'admets toutes les exagérations qu'on voudra
m'opposer ; on peut réduire de moitié, des deux
tiers ce résultat ; il n'en restera pas moins acquis
que, de ce chef, nous supportons une grande surtaxe ou majoration, dont bénéficie presque exclusivement la Métropole (c'est encore M. Burdeau qui
le prouve) et qui suffirait à elle seule, pour niveler
nos charges avec celles de la France. Mais, ce n'est
pas tout ; j'ai plus d'une corde à mon arc.

Il y a peu de capitalistes parmi nous, peu de
rentiers; nous sommes tous des travailleurs, des
créateurs ayant besoin d'argent, de crédit ; or l'argent coûte le double ici qu'en France.

M. Burdeau ne me fournit aucun chiffre concernant le crédit roulant, commercial ou sur simple
signature ; je laisse donc à votre compétence, Messieurs les Sénateurs, le soin d'en rechercher l'importance et d'apprécier la surcharge que de ce fait
nous impose la différence du prix de l'argent entre
la France et l'Algérie.

Le Rapport ne me fournit pas non plus la valeur
de la propriété non bâtie ; toutefois la statistique
agricole de 1882, qu'il cite, porte à 700 millions la
valeur annuelle des produits de la terre sur lesquels
les céréales figurent pour 483 millions ; d'autre
part M. Burdeau estime qu'avec les produits non
compris dans la dite statistique, tels que l'alfa, les
produits forestiers, etc., et avec les progrès réalisés
depuis 1882 « c'est aux environs de 800 millions que

monte la valeur des produits que la terre d'Algérie fournit à ceux qui la cultivent. » Etant donné que les Indigènes ne produisent guère que des céréales et sachant, toujours par M. Burdeau, qu'ils n'en produisent pas la moitié de la totalité, nous croyons faire leur part très large en la portant à 300 millions, sur les 800 millions prévus par M. Burdeau ; il resterait donc 500 millions produits par les Européens ; si nous déduisons 50 % pour frais de culture, nous obtiendrons un revenu de 250 millions qui, capitalisés à 7 %, nous donneront la somme de 3 milliards et demi (chiffre rond) pour la valeur de la richesse rurale des Européens en Algérie.

Je rappelle ici que je ne suis pas un savant, un statisticien et que dans mes forêts je n'ai ni les moyens ni le loisir de me procurer des chiffres officiels. J'admets donc volontiers quelque erreur d'appréciation dans mes calculs, soit pour le taux de capitalisation (c'est celui adopté par M. Burdeau pour la propriété bâtie), soit pour les frais de culture qui, malgré la fertilité du sol, pourraient bien être de plus de 50 % du produit ; soit pour tout autre cause ; mais, comme je ne prétends pas ici professer, et *que la marge qui nous restera sera large*, je vous laisse le soin de rétablir mes chiffres lorsqu'exeptionnellement je suis forcé, comme dans le cas présent, d'en poser par déduction.

Quelle que soit l'importance de vos réductions, ma thèse restera sur pied car, je le répète, il y a une grande marge eu faveur de la logique de mon raisonnement.

Supposons donc de 3 milliards et demi la valeur e la propriété rurale appartenant aux Européens en Algérie ; M. Burdean reconnait que cette propriété est grevée de 40 % d'hypothèques (1). Cela représente la somme de un milliard 400 millions qui, au taux de 6 % (la moyenne est certainement plus élevée) nous impose une charge de 84 millions par an.

La propriété rurale n'étant grevée en France (2) que de 14 % les mêmes 3 milliards et demi ne le seraient que de 490 millions qui, au taux de 3 % n'imposeraient en France qu'une charge de 14 millions 700 mille francs.

Différence en surcharge annuelle pour l'Algérie 69.300.000 francs.

M. Burdeau évalue la propriété bâtie en Algérie à plus de un milliard et il constate que, comme la propriété rurale, elle est grevée de 40 % de sa valeur. Ici, je puis m'appuyer sur un chiffre précis et en lui appliquant le procédé employé pour la propriété rurale, nous obtenons, comme résultat, une surchage de 19 millions 500 mille faancs au préjudice de l'Algérie, soit près de 40 francs par an et par tête d'européen car les Musulmans ne possèdent que peu ou pas de propriété bâtie.

A qui profitent toutes ces charges qui pèsent sur les Algériens ? à la France. Ce sont ses intermédiaires, ses chemins de fer, sa marine marchande, ses capitalistes, ses manufacturiers, ses ouvriers qui perçoivent ces impôts indirects qui nous accablent et qu'ils n'ont pas à payer comme nous.

Il vous sera facile, Messieurs les Sénateurs, de

---

(1) Rapport de M. Burdeau, page 21.
(2) Rapport de M. Burdeau page 21.

constater que la dette hypothécaire qui a pu être de 40 % lorsqu'elle fut contractée, est aujourd'hui de 80 %. Par suite de la dépréciation des immeubles et de la rareté de l'argent, très peu des propriétés rurales vendues, arrivent à couvrir l'hypothèque.

Une dette de 40 % serait supportable et n'accumulerait pas les ruines et les malheurs, dépeints par M. Burdeau, comme étant communs en Algérie « où, ajoute-t-il avec bonhommie, la fortune immobilière est loin d'avoir acquis une assiette solide. »

C'est, sans doute, pour la mieux asseoir que notre admirateur la grève de nouveaux impôts !

Est-ce tout ? Non, Messieurs les Sénateurs, et c'est toujours M. Burdeau qui parle : il nous apprend beaucoup d'autres choses ; il pose beaucoup d'autres prémices qui vont toutes à l'encontre de ses conclusions. Ecoutons-le parler : « Mais » on ne peut pas oublier qu'avec ses hauts tarifs, » le réseau algérien fait payer, en moyenne, 31 % » de plus à un voyageur et 104 % de plus aux » marchandises, que le réseau de la France. » (1)

Comme je suis déjà bien las de compter, contre mon habitude, des millions et des milliards, je renonce à essayer de faire le calcul de ce que nous coûte cette surcharge. Vous l'apprécierez, Messieurs les Sénateurs.

Le Rapport est une mine inépuisable ; j'y cueille encore cet aveu (2) : « La main-d'œuvre euro- » péenne, à égalité de prix, ne rend, sous un » climat plus difficile que les deux tiers de ce

---

(1) Rapport de M. Burdeau page 13.
(2) Rapport de M. Burdeau, page 55.

» qu'elle rend en France ; et la main-d'œuvre
» indigène, beaucoup moins productive, n'offre,
» qu'en apparence, une économie. »

Ici, encore, je renonce à la statistique ; des sé-
ries de zéros à la droite d'un chiffre dansent
devant mes yeux une farandole effrénée. Je me
rappelle qu'en parlant du produit des propriétés
rurales, j'ai mis de côté 250 millions réservés pour
la main-d'œuvre de la culture annuelle ; je me
souviens des millions qu'à coûté la construction
de la propriété bâtie ; des milliards dépensés dans
la création de la propriété rurale et je me demande avec effroi ce qu'a dû nous coûter cette perte
de un tiers sur le coût de toute cette main-
d'œuvre. J'en ai le vertige et je préfère l'ignorer.

En faisant cette revue rétrospective des charges
de toute sorte que nous avons subies, que nous
n'avons pas encore soldées et que l'on ne connaît
pas en France, je sens défaillir mon courage et je
me demande avec angoisse ce que nous réserve
l'avenir.

A cette heure, Messieurs les Sénateurs, chaque
colon éprouve cette angoisse, cette défaillance ;
il trouve son calvaire trop long, et voyant s'éloigner le but, il désespère de l'atteindre.

Dites à la France que tout ce qu'a si bien exposé l'honorable rapporteur, M. Burdeau, est vrai ;
mais {que nous avons, tous, fait trop et trop vite ;
que cette richesse qui est une réalité pour la
fortune publique, n'est qu'un mirage, qu'une
ruine, pour ceux qui en sont les auteurs ; qu'ils
ont besoin de ménagements, de repos, de quelques bonnes récoltes, pour leur permettre, non

pas de payer leurs dettes, mais au moins d'en payer les intérêts de retard.

Il faut que, par vous, la France sache que si l'Algérie est riche, cette richesse n'est pas au colon qui s'est appauvri pour la créer. Elle appartient à la Nation !

Que parle-t-on d'amortissement de la dette algérienne ? Les autres Provinces ont-elles amorti la leur ? Est-ce que l'Algérie appartient aux Algériens ? Ne serait-elle plus la France ?

Si demain la victoire nous rendait l'Alsace et la Lorraine, porterait-on au débit de ces provinces ce qu'aurait coûté leur rachat ?

Il n'y a pas de dette algérienne ; il n'y a qu'une dette nationale, largement représentée par la richesse accrue, par la gloire, par l'honneur, par l'agrandissement de la France.

La dette algérienne est, du reste, largement représentée aussi. L'armée d'Afrique, par sa vaillance, avait donné à la France, un diamant brut ; nous en avons fait par notre travail, un brillant qui est un des plus beaux joyaux de son écrin si riche !

Dites encore à la Métropole qu'il faut à la colonie des capitaux à bon marché, de la stabilité, de l'esprit de suite, pour donner confiance et pour attirer de nouveaux colons.

Dites-lui, enfin, qu'elle nous fasse encore crédit quelques années, le temps de nous remettre, et que nous ne demandons pas mieux que de lui rembourser, dès qu'il nous sera possible, notre double dette de reconnaissance et d'argent.

Aux Colonisateurs en Chambre ;

Aux Philanthropes :

————•••————

Est-il bien vrai, Messieurs les Sénateurs, qu'il existe en France une Société pour la protection des indigènes contre les colons d'Algérie ?

N'y a-t-il pas un mal entendu ?

Ne s'agit-il pas d'une Société de protection des Français contre les Indigènes ?

Car, enfin, ceux-ci sont défendus par la loi et au besoin par le groupement, par le nombre ; tandis que la loi est souvent impuissante à défendre les colons isolés, noyés dans la population musulmane.

Ceux qui ont conçu cette idée, ont-ils eu le sentiment de l'infamie qu'ils commettaient envers les colons ? Ont-ils compris qu'ils commettaient aussi un délit de lèse-nation en proclamant, devant l'Europe civilisée, que nos lois, nos gendarmes, notre administration, notre magistrature, nos assemblées électives, notre gouvernement étaient impuissants, ou incapables de protéger 3 millions et demi d'indigènes contre une poignée de colons ?

Ces philosophes humanitaires ont-ils vécu en Algérie ? Non ; car il leur suffirait d'y séjourner trois mois, non pas à Alger, morbleu ! mais en pays de colonisation, pour comprendre ce qu'ont d'absurde leurs idées philanthropiques.

Dans les villes et même dans les villages,

l'indigène se sait et se sent très bien protégé par nos autorités, par nos lois.; il ne se fait pas faute d'y recourir aussitôt qu'il se croit lésé dans ses intérêts ou dans sa personne. Je puis même affirmer que certains fonctionnaires sacrifient à la mode et font du zèle arabophile intempestif.

Est-il bien nécessaire de démontrer que dans les campagnes c'est le malheureux colon qui aurait besoin d'être protégé ? Cela ne saute-t-il pas aux yeux ? Peut-on imaginer un colon s'emparant d'une bête, d'un champ, même d'un fruit appartenant aux indigènes.

Il ne vivrait pas 10 jours !

Il faut au contraire qu'il s'efforce, en s'imposant même des sacrifices, de vivre en harmonie et en paix avec tout le monde, qu'il cherche à s'attirer, sinon l'amitié de ses dangereux voisins, du moins leur indifférence et, malgré tout, il faut qu'il ferme bien ses portes et qu'il fasse bonne garde chez lui, nuit et jour autour de son bétail. Quant à son jardin, à ses fruits, il doit en faire d'avance le sacrifice ; c'est là, la moindre des primes qu'il paie pour sa sécurité !

Cette idée de protéger les indigènes est si baroque, qu'elle nous ferait bien rire si elle ne devait nous faire pleurer plus tard !

Ainsi donc, voilà une race conquise, mais non pas domptée, qui, l'heure venue, obéira passivement et comme un seul homme à un mot d'ordre religieux ; soumise, non pas par notre civilisation, mais par nos armes ; qu'aucune sympathie, aucun lien économique, politique ou religieux n'attache à notre sort ; que nous maintenons en respect par notre force morale autant que par notre force

matérielle... Tout à coup et en avance de plusieurs siècles, on vient semer dans ce champ le ferment de 1893, on vient y cultiver les grandes idées de notre émancipation sociale, que l'indigène ne peut comprendre et ne comprendra pas de longtemps ; on vient dire à ces masses inconscientes : « Nous savons que vous êtes victi-
» mes des colons, qui vous maltraitent, vous dé-
» pouillent, et vous refusent la justice ; que vous
» avez besoin d'être protégés contre ces hommes
» qui sont vos ennemis. Nous savons aussi qu'ils
» vivent à vos dépens et que, sans rien payer, ils
» vous accablent d'impôts pour leur unique profit.
» Ils vous refusent le droit de suffrage, qui est un
» droit illégislable et imprescriptible, le premier
» droit pour tout homme libre ; nous reconnais-
» sons que leurs exactions, leurs violences, leurs
» injustices justifient pleinement votre haine et
» vos révoltes ; mais ces hommes-là ne sont pas la
» France ; ils n'en sont que la lie ; dans nos livres
» et dans nos journaux, du haut de la tribune
» parlementaire, nous protestons contre leurs agis-
» sements et réclamons pour vous les droits, la jus-
» tice, que vous refusent nos fonctionnaires, nos
» magistrats corrompus, eux aussi, au contact des
» colons. Espérez : Justice vous sera faite ! »

L'indigène, Messieurs les Sénateurs, n'a pas tant de façons que nous de distinguer la justice, il n'en a qu'une : « Qu'on lui rende tout ce qu'on
» lui a pris, qu'on s'en aille en emportant tout le
» bagage de la civilisation, sans rien oublier sur-
» tout, et qu'on le laisse tranquille, chez lui, vivre
» et se gouverner à sa guise. » Est-ce bien cela que vous voulez, Messieurs les Humanitaires ?

Non, n'est-ce pas ? Et bien, alors, votre montre est en avance de plusieurs siècles !

Ah ! si vous saviez que de tempêtes amassent sur la colonie vos imprudentes paroles ! En pleine paix, les colons vivant au milieu des populations indigènes sont les seuls à en souffrir ; mais vienne une guerre européenne et les ennemis de la France sauront en tirer parti contre elle, pour fomenter la plus formidable des insurrections ! Vous récolterez alors, Messieurs les Philanthropes, le grain que vous aurez semé ! Malheureusement, ce ne sera pas vous qui serez victimes de vos utopies... Vous serez à Paris, au coin d'un bon feu, continuant de vous griser de phrases sonores et d'idées chevaleresques, tandis que nos fermes seront pillées, incendiées ; nos villages détruits ; nos filles violées et assassinées ; et que nous mourrons pour sauver au moins, sinon nos biens, l'honneur de la France !

J'entends dire fréquemment que les indigènes ont beaucoup d'armes. Je trouve l'idée naïve.

Ils en ont tous, sans exception ; et j'ajoute qu'ils ne peuvent pas s'en passer. Comment voulez-vous qu'ils défendent leurs troupeaux parqués à la belle étoile, leurs tentes ouvertes ; qu'ils se défendent eux-mêmes ! Un fusil, au moins, est indispensable à chaque tente, à chaque gourbi, et soyez bien certains qu'il s'y trouve, en compagnie d'armes plus portatives. Soyez certains encore que, quoi qu'on fasse, l'indigène sera toujours armé. Le fusil fait partie de son statut personnel.

Je signale le mal, le danger ; c'est à vous, Messieurs les Sénateurs, qu'incombe le devoir de chercher le remède.

Je ne ferai pas l'honneur de la discussion aux théories de l'instruction obligatoire,de la naturalisation en masse, du tirage au sort des indigènes et de leurs droits électoraux.

Pour peu que vous approfondissiez l'étude des questions algériennes, vous reconnaitrez que les braves géns qui préconisent ces théories font du sentiment, mais pas de la politique. S'ils ve. naient vivre trois mois au milieu des indigènes à la campagne ou en forêt , ils seraient honteux d'avoir proclamé de pareilles idées.

Un mot sur la naturalisation des Européens : Devraient être Français, de par la loi, tous ceux qui, étant devenus propriétaires en Algérie, s'y sont établis avec leur famille et y ont résidé plus de dix ans effectivement. L'achat d'une propriété, l'établissement, l'importation des capitaux et de la famille, la résidence prolongée, la communauté d'idées et d'intérèts qui en résulte, la nécessité de défendre en commun les biens, la vie, le territoire même, ont créé, au bout de 10 années, un lien désormais indissoluble, ont créé des droits et des devoirs communs, une solidarité que la loi doit sanctionner et consacrer.

On n'est plus Étranger, on est Algérien, et quand on est Algérien, on doit être Français !

CONCLUSIONS

—›-‹—

Mes conclusions seront brèves :

Décentralisation. Extension des pouvoirs du Gouverneur général se résumant par ces mots : Initiative et responsabilité.

Colonisation par l'initiative privée et par la vente des terres, dans les régions déjà peuplées d'Européens. Colonisation officielle et gratuité des lots dans les régions d'avant-garde.

Ne remettre les lots gratuits qu'à de véritables cultivateurs et leur exiger la résidence.

Mobilisation du sol, par la constitution rapide de la propriété familiale des indigènes ; et par le morcellement des forêts de chênes-liège de l'Etat, en lots de ferme et de hameau pour être vendus à des familles de *forestiers-liégeurs*.

Assimilation des indigènes par le travail, comme unique moyen de les émanciper de leur aristocratie théocratique et d'éviter la misère, partant, l'insurrection et le banditisme.

Exploitation rationnelle des forêts et non pas empirique, comme jusqu'ici ; ne pas y gaspiller inutilement des sommes insuffisantes pour leur préservation, si l'on ne veut pas que leur mise en valeur, soit leur mise en ruine.

En faire un élément de pleuplement et de colonisation, par la vente de petits lots, à des familles qui importeraient en Algérie la fabrication et le commerce de bouchons, industries qui se meurent en France.

Réglementer et diriger l'incinération périodique des broussailles des Communaux, incinération indispensable aux indigènes, étant données leurs mœurs. Porter à 10 ans la défense du pacage dans les forêts brulées.

Simplification de la procédure et diminution des frais de justice. Maintien de la responsabilité collective et du code de l'Indigénat pour n'en user qu'avec modération.

Accomplissement immédiat et réel des pénalités infligées avec la mesure et la justice nécessaires. Il ne faut pas habituer l'indigène à de vaines et ridicules menaces ; car il se pose, avec raison, ce dilemne : ou l'on reconnait que j'étais victime d'une injustice, ou l'on me craint assez, pour ne pas oser me faire subir une peine méritée.

Dans aucune de ces hypothèses nous n'avons le beau rôle.

Liquidation immédiate des indemnités dues aux victimes des incendies insurrectionnels de 1881 ; liquidation que l'Etat doit prendre à sa charge, puisqu'il s'approprie et utilise, comme il l'entend, les produits et les terres qui étaient le gage des indemnitaires.

Maintien, à la Banque de l'Algérie, du droit et du devoir d'escompter le papier agricole. Extension du crédit *direct et à taux fixe*, par la création de Comptoirs d'Escompte ruraux.

Suspension, pour une durée de 5 ans, de l'application de la loi frappant l'Algérie d'impôts nouveaux, en considération des charges écrasantes

que supporte le colon et de la crise que traverse
la Colonie.

Naturalisation, de droit, après 10 ans de résidence effective, de tout étranger ayant acquis une
propriété en Algérie.

Nécessité de faire bien comprendre en France,
que les mots refoulement, extermination, sont
inconnus en Algérie, où le colon est le premier à
reconnaître que l'indigène est, à tout point de vue,
un élément indispensable. Que ces grands mots
sont vides de sens, ici. Que la Société de prétendue
protection aux indigènes est un anachronisme et
une injure gratuite aux colons et aux autorités.

Rappeler aux Ecrivains, aux Sénateurs, aux
Députés qui traitent les questions algériennes, que
trois millions et demi d'Indigènes les écoutent;
que leurs idées, mal digérées, leur sont transmises,
commentées par leurs fanatiques *Marabouts*.

Que les utopies humanitaires des colonisateurs
en chambre, sont plus dangereuses et produiront,
dans un avenir, peut-être plus proche qu'on
ne pense, plus de ruines et de malheurs que les
explosifs puissants que la science moderne a
mis entre les mains des anarchistes de tous pays.

Les anarchistes d'ici, ce sont tous les Français
qui s'occupent de l'Algérie et de l'indigène sans
les connaître ; qui parlent aux Germains et aux
Gaulois primitifs, le langage des peuples les plus
policés et qui cherchent à leur appliquer des
principes, hier encore inconnus ou incompris en
France.

On annonce la prochaine arrivée, en Algérie,
d'une partie des honorables membres de votre
Commission. Permettez-moi de vous adresser un

vœu, une prière, je dirais, si j'osais, une invitation : Venez *en pays arabe*, sans bagage officiel encombrant ; séjournez-y assez pour y faire, sur place, *une enquête contradictoire ;* vous verrez, entendrez et observerez tout ce qui se fera, se dira et se passera autour de vous . . . .

Alors, mais alors seulement, vous *aurez fait une Enquête sur la Question Algérienne.*

APPENDICE

Observations pour faciliter l'étude de l'appendice

Cet appendice comprend : 1° le détail des dépenses de toute nature, année par année, pour l'achat, la mise en valeur et l'exploitation rationnelle d'un lot de forêt de chênes-liège de 150 hectares, avec un peuplement moyen de 200 arbres à l'hectare ; 2° les produits probables de ce lot ; 3° l'état des dépenses que nécessite chaque récolte ; 4° le tableau des époques de paiement du prix d'achat, intérêts compris.

Les calculs y sont faits en détail, jusqu'à la 21me année, c'est-à-dire après la liquidation de la 2me récolte, et sont résumés par la suite pour ne pas répéter indéfiniment les mêmes opérations. Ils sont poussés jusqu'à l'époque où le capital, les dépenses de toutes nature et les intérêts capitalisés se trouvent amortis par les revenus ; c'est-à-dire pendant une période de 41 ans.

Je n'ai tenu aucun compte, pour ne pas trop assombrir la perspective et parce qu'il était impossible de le faire avec quelque précision, de l'aléa provenant de maladie, de chômage, de vols non plus que de celui des incendies ; pour ce dernier parceque je n'admets pas qu'une famille, aidée par ses voisins, puisse laisser brûler son petit lot qu'elle saura préserver par son travail et défendre, au besoin, au péril de sa vie.

Comme pour arriver à un peuplement moyen de 200 arbres à l'hectare il faudra compter ensemble les beaux arbres et les jeunes sujets à peine bons à être démasclés ; je n'ai pas cru devoir adopter une moyenne de rendement supérieur à 5 kilog. poids sec, de liège brut par arbres ; il va sans dire que si le peuplement était en entier composé de beaux arbres pouvant donner une moyenne de 10 kilog. (ce qui me parait très difficile, vu l'état actuel des forêts), tous les calculs seraient à retaire, quoique sur les mêmes bases. Il en serait de même en sens inverse, si le peuplement se composait en entier de jeunes sujets ne pouvant donner que deux ou trois kilog. de liège.

J'ai donc pris une moyenne qui me parait être la plus générale; c'est elle que j'ai constatée depuis 20 ans dans diverses forêts.

La loi obligeant tout propriétaire forestier à entourer sa propriété d'une tranchée périmétrique de 50 mètres de largeur, j'impose à l'acquéreur l'ouverture de cette tranchée dans le courant des deux premières années.

Il est à remarquer, à ce propos, que le lot voisin, ayant sa tranchée périmétrique de 50 mètres, chaque lot se trouverait séparé par une tranchée nettoyée de 100 mètres qu'il faudrait receper, pour plus de garantie, tous les 5 ans, dépense non prévue ni portée dans le calcul des frais pour lesquels je me suis tenu au strict nécessaire.

J'impose également au colon l'obligation d'opérer le démasclage de son lot la moitié dès la première année, l'autre moitié dans la seconde, afin d'avancer autant que possible l'époque des récoltes.

Je lui impose l'obligation de défricher en deux ans un hectare pour jardin, champ ou vigne afin d'augmenter ses ressources immédiates et d'y occuper sa famille à temps perdu.

Pour les frais de démasclage, de tranchées, de transports etc., j'ai pris des moyennes *vraies*; je déclare *fausse* la moyenne de 4 à 5 centimes par arbre annoncé par M. Burdeau comme étant celle du coût de démasclage dans les forêts de l'Etat. Cette erreur ne peut provenir que d'un comptage, je ne dirai pas malhonnête, mais vicieux.

TABLEAU de l'achat d'un lot de forêt de la
2ᵉ catégorie, payable en 40 ans.

---

150 hectares à 55 francs . . . . 8,250 f
Intérêts à 3 % pour les dix annuités de retard de
chacun des quatre termes (chiffres ronds) . . . 1,500

Total du prix 9,750

Payables : après la 10ᵉ année . . . 1,500 f
après la 20ᵉ année . . . 2,250
après la 30ᵉ année . . . 3,000
après la 40ᵉ année . . . 3,000   9,750 f

ACHAT,[1] MISE EN VALEUR ET EXPLOITATION

d'un lot de forêt de 150 hectares, peuplé de 200 arbres
à l'hectare.

1ʳᵉ année. — Voyage et transport du mobilier d'une
famille (en dehors du passage gratuit)   200 f
Construction d'un gourbi habitable
pendant un ou deux ans   200
Construction d'un logement en ma-
çonnerie 3.000
Achat d'outils et de matériel . . .   50
Démasclage de la moitié du lot avec un
peu de nettoiement au pied de chaque
arbre, soit pour 15.000 arbres à 10 c.   1,500

A reporter . . . 4,950 f

---

(1) Le prix d'achat figurera à sa place à l'échéance de chacun
des termes de paiement.

Report. . .	4.950 f
Défrichement d'un demi-hectare pour jardin ou vigne	500
20 hectares, sur 30 à faire, de tranchées périmétriques à 60 fr. (brûlage compris).	1.200
Un kilomètre de chemin d'accès . .	200
Imprévus divers.	150
Total des dépenses. .	7.000
Intérêts de cette somme 1 an à 7 %.	490
Total d'avances pour la 1re année	7,490

2e année. — Démasclage de la 2e moitié du lot, 15,000 arbres à 10 cent. 1.500 f

10 hectares de tranchées périmétriques restant à faire à 60 francs 600

Défrichement d'un demi-hectare de terrain 500

Un kilomètre de chemins d'accès. 200 2.800

Total	10.290
Intérêts d'un an sur cette somme .	720
Total d'avances après la 2e année	11.010

3e année. — Nettoiement annuel de 15 hectares en tranchées, routes ou débroussaillements à 60 francs. . . 900 f

Semis pour repeuplement, élagage, entretien des jeunes sujets, entretien du matériel et des chemins chaque année . . 50 950

Total	11.960
Intérêts d'un an sur cette somme. .	837
Total après la 3e année	12.797
A reporter. . .	12.797 f

Report. . . .	12.797 f
4ᵉ année. — Mêmes frais qu'à la 3ᵉ.	950
Total des dépenses	13.747
Intérêts d'un an sur cette somme. .	962
Total après la 4ᵉ année	14.709
5ᵉ année. — Mêmes frais qu'à la 4ᵉ.	950
Total des dépenses	15.659
Intérêts d'un an sur cette somme. .	1.096
Total après la 5ᵉ année	16.755
6ᵉ année. — Mêmes frais qu'à la 5ᵉ.	950
Total des dépenses. . . .	17.705
Intérêts d'un an sur cette somme. .	1.239
Total après la 6ᵉ année	18.944
7ᵉ année. — Mêmes frais qu'à la 6ᵉ année. . .	950
Total des dépenses. . . .	19.894
Intérêts d'un an sur cette somme. .	1.393
Total après la 7ᵉ année	21.287
8ᵉ année. — Mêmes frais qu'à la 7ᵉ année . . .	950
Total des dépenses. . . .	22.237
Intérêts d'un an sur cette somme. .	1.557
Total après la 8ᵉ année	23.794
9ᵉ année. — Mêmes frais qu'à la 8ᵉ année . .	950
Total des dépenses. . . .	24.744
Intérêts d'un an sur cette somme. .	1.732
Total après la 9ᵉ année	26.476
10ᵉ année. — Mêmes frais qu'à la 9ᵉ année. . .	950
Total des dépenses. . . .	27.426
Intérêts d'un an sur cette somme. .	1.920
Total après la 10ₑ année	29.346
A reporter. . .	29.346 f

Report. . . 29,346 f

A ce moment doit se faire la récolte du la 1re moitié du lot démasclée la 1re année et, pour couvrir tous les frais, jusqu'à la rentrée probable de l'argent, il faut nous procurer un fonds de roulement (1) de. 5,270

Le recouvrement du produit de la récolte ne pouvant guère s'effectuer que dans le courant de l'année suivante, cette deuxième période s'ouvre donc avec une avance totale de 34,616

A déduire le montant de la récolte (2) soit pour 675 quintaux. 16.031

11e année. — Déficit après la 10e année 18.585

(3) Paiement à l'Etat du 1er terme, de dix annuités échues. 1.500

Dépenses ordinaires de l'année. 950

Nouveaux démasclages, nouveaux chemins, élagage des jeunes sujets, en bloc. . 1.000 1,950

Total 22.035

Intérêts de cette somme. . . . 1.542

Frais de récolte de la 2e moitié du lot comme l'année antérieure . . . 5.270

Total 28.847

A déduire le montant de la récolte de la 2e moitié du lot, provenant du démasclage de la 2e année d'exploitation soit pour 675 quintaux. 16.031

La 1re période se liquide donc par un déficit après la 11e année de . . 12.816 f

(1) Voir cet appendice « Dépenses pour la première récolte. »
(2) Voir cet appendice « Produit de la première récolte. »
(3) Voir cet appendice « Mode de paiement du prix d'achat. »

DEUXIÈME PÉRIODE

En ajoutant à ce déficit les 950 francs de frais ordinaires pour chaque année et en capitalisant les intérêts comme jusqu'ici à 7 %, nous arrivons à la 20ᵉ année inclusivement, avec un chiffre d'avances (pour les 9 années) do : 22.922ᶠ

Report du déficit qui existait après la 11ᵉ année 12.816

Total du déficit au moment de la récolte à la 20ᵉ année 35.738

20ᵉ année. — Sommes nécessaires pour récolte et autres frais jusqu'à la rentrée des fonds (voir détail) 6.540

Total des avances après la 20ᵉ année 42.278

A déduire le montant de la récolte soit : pour 844 quintaux de liège . . 20.000

Déficit après la 20ᵉ année 22.278

21ᵉ année. — Paiement à l'État du 2ᵉ terme des annuités échues. 2.250

Dépenses ordinaires de cette année comme pour la 11ᵉ 1.960

Total des avances 26.478

Intérêts de cette somme. . . . 1.853

Frais de la récolte de la 2ᵉ moitié du lot comme pour la 1ʳᵉ moitié ci-dessus 6.540

Total des avances 34.871

A déduire la récolte de la seconde moitié du lot comme ci-dessus . . 20.000

La deuxième période se liquide donc par un déficit après la 21ᵉ année de 14.871

A reporter. . . . 14.871ᶠ

Report. . . . 14.871 f

TROISIÈME PÉRIODE

21e année. — Nous ajouterons à ce déficit les 950 fr. de dépenses à faire pendant neuf ans et, en capitalisant les intérêts à 7 p. 0/0 nous nous trouverons à la 30e année avec une avance pour les neuf années réunies de 24.643

Total des avances à la 30e année 39.514

Nous arrivons à la 3e récolte ; pour la réaliser il nous faut une nouvelle avance qui, pour la moitié du lot correspondant à la 30e année, monte à (1) 8.123

A déduire, montant de la récolte, calculé sur la précédente, avec 25 p. 0/0 d'augmentation 25.000

Déficit après la 30e année 22.637

31e année. — Paiement à l'Etat du 3e terme échu. . 3.000

Dépenses ordinaires de cette année comme à la 11e et à la 21e. . . . 1.950

Total. 27.587

Intérêts de cette somme. . . . 1.931

Frais de récolte pour la seconde moitié du lot. 8.123

Total. 37.641

A déduire, montant de la récolte 25.000

La 3e période se liquide par un déficit, après la 31e année de . . . 12.641

QUATRIÈME PÉRIODE

Les neuf années jusqu'à la 41e inclu-

A reporter. . . 12.641 f

---

(1) Le chiffre de la récolte augmentant de 1/4 à chaque période, les dépenses sont aussi augmentées de 1/4.

Report. . .	12.641 f

sivement, ajoutées à ce déficit, ainsi
que les intérêts capitalisés comme
précédemment, nous donneront à la
40ᵉ année un total de 22.773

Ce qui fera un total d'avances à la
40ᵉ année de 35.414

Pour réaliser la quatrième récolte
dans la 1ʳᵉ moitié du lot, il nous faut
une avance de. 10.000

Total des avances . . . 45.414

A déduire, montant de la récolte sur
la moitié du lot, calculée sur la précédente avec 25 p. 0/0 d'augmentation. 31.250

Déficit après la 40ᵉ année 14.164

41ᵉ année. — Paiement à l'Etat du 4ᵉ terme échu
(pour solde). 2.000

Dépenses ordinaires de cette année,
comme la 31ᵉ 1.950

Total 19.114

Intérêts de cette somme. . . . 1.338

Frais de récolte pour la 2ᵉ moitié du
lot 10.000

Total. 30.452

Le montant de la récolte pour l'autre
moitié du lot comme ci-dessus étant de 31.250

Il y aura un excédent après la 41ᵉ
année de 798 f

En résumé, ce n'est qu'après 40 ans que le capital, les dépenses et les intérêts seront amortis et que la propriété donnera un grand rapport dans l'avenir.

PRODUIT de la première récolte de liège faite dans un lot de 150 hectares peuplé de 200 arbres à l'hectare.

PREMIÈRE PÉRIODE

Première récolte de la moitié du lot, correspondant à la 10ᵉ année d'exploitation.

Sur 15.000 arbres démasclés la 1ʳᵉ année, il y a lieu de déduire 1 % par an pour arbres impropres à la reproduction, pour mortalité naturelle, etc., il restera donc bons à être récoltés : 13.500 arbres qui donneront en moyenne 5 kilos de liège brut par arbre, poids sec, soit . . . . 675 qx

Ce liège rendu à un port ou à une gare vaudra, en moyenne, 25 francs les 100 kilos, soit pour 675 quintaux . . 16.875ᶠ

A déduire 5 % pour déchets divers en cours de transport, d'empilage, d'emballage, etc. 844 16.031

Première récolte de la seconde moitié du lot, faite à la 11ᵉ année d'exploitation.

Même quant., même prix que pour la 1ʳᵉ moitié, soit 16.031 f

DEUXIÈME PÉRIODE

Deuxième récolte de la première moitié du lot, correspondant à la 20ᵉ année d'exploitation.

(Nous supposons que la mortalité survenue durant cette période est compensée par les nouveaux démasclages opérés pendant la précédente. Nous maintenons donc le même nombre d'arbres ci-dessus) :

13.500 arbres qui, à raison de 5 kilos, ont donné à la première récolte 675 quintaux d'une valeur de 16.031 francs, donneront à cette deuxième récolte une augmentation très approximative de 25 %, soit 844 quintaux d'un produit total en chiffres ronds de. . . . . 20.000 f

Deuxième récolte de la seconde moitié du lot faite à la 21ᵉ année d'exploitation.

Comme ci-dessus pour la première moitié . . . 20.000 f

*DÉPENSES pour la première récolte de liège faite
dans ce même lot.*

Frais pour la 1re moitié du lot à la 10e année d'exploitation :
Pour 675 qx de liège récolté à 2 fr. le quintal, ci . . 1.350
Débardage du dit liège sur une route muletière à
0 fr. 50 le quintal 337
Transport à dos de mulet à la ferme, pesage et
emballage compris, à 1 fr. le quintal. 675
Emballage à 1 fr. 25 par q. brut, fournit. comprises 843
Transport à dos de mulet de la forêt à la gare ou au
port, pesage et marquage compris, à 2 fr. 50 le q. . 1.687
Frais de surveil. à la récolte, à l'embal. et au transp. 200

Total des avanc. à faire pour la réc. de cette moit. du lot. 5.092
Intérêts de cette somme pendant 6 mois à 7 %. . 178

Total de la dépense . . . . . . 5.270 f

Frais pour la récolte de la 2e moitié du lot, faite à la 11e année
d'exploitation :
Comme ci-dessus 5.270

Frais pour la 2e récolte de la 1re moitié du lot à la 20e année
d'exploitation :
Récolte de 844 qx de liège à 2 fr. le quintal. . . 1.688
Débardage à 0 fr. 50 le quintal 422
Transport, pesage et empilage à la ferme, à 1 fr. le q. 844
Emballage à 1 fr. 25 par quintal brut 1.055
Transport à la gare ou au port, marquage et pesage
compris, à 2 fr. 50 le quintal 2.110
Frais divers de surveillance 200
Total des avances pour la récolte de cette moitié du lot 6.319
Six mois d'intérêts sur cette somme. 221
Total pour la récolte de la 1re moitié du lot. . . 6.540

Frais pour la récolte de la 2e moitié du lot. . . 6.540 f

TABLE DES MATIÈRES

—▶◀—

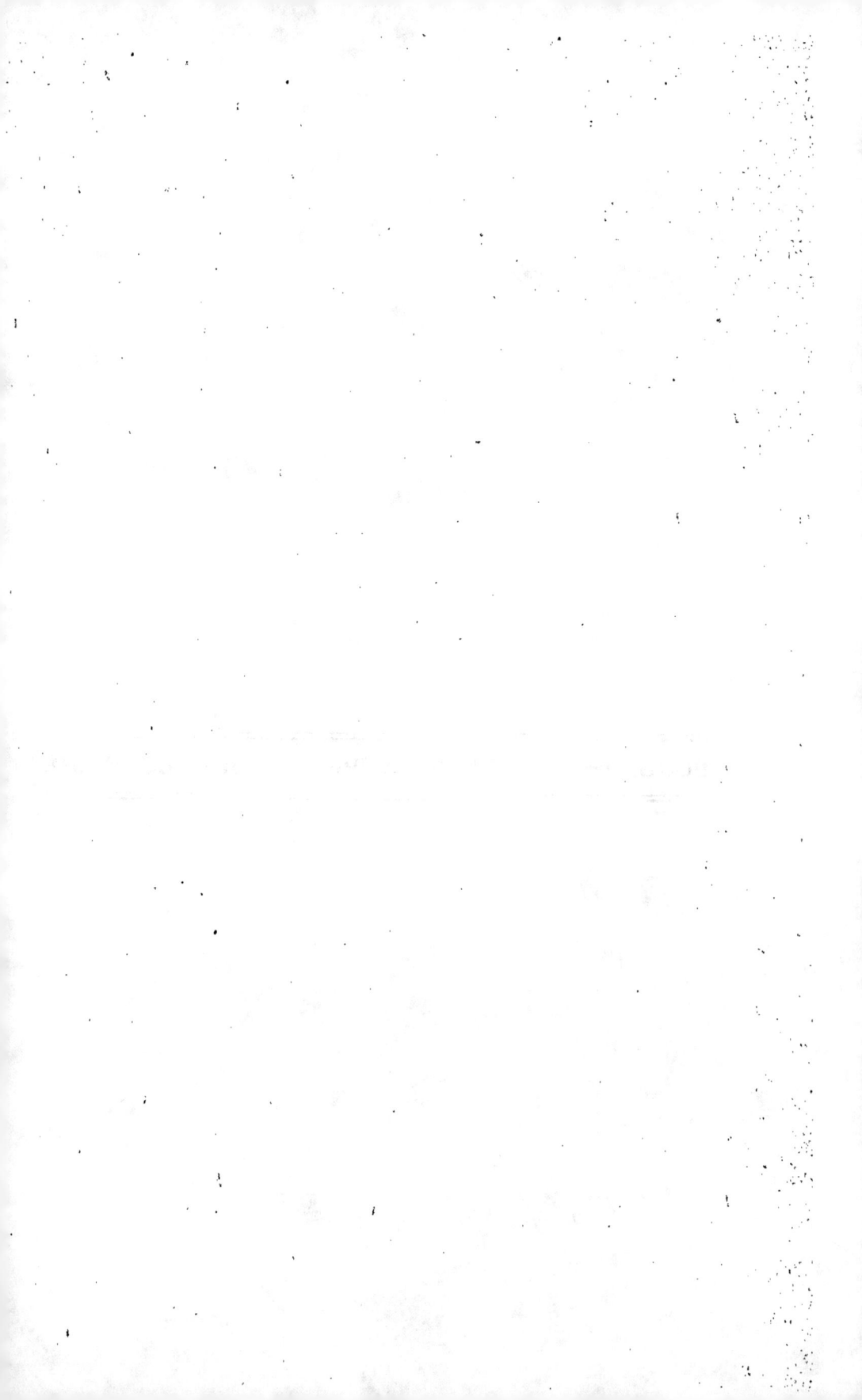

BÔNE. — IMP. LÉON LAMPRONTI, RUE BUGEAUD.

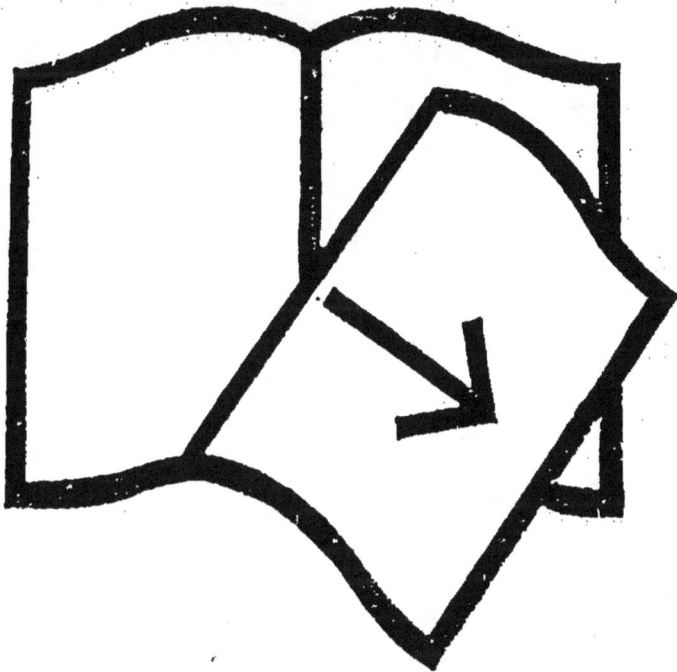

Documents manquants (pages, cahiers...)
NF Z 43-120-13